CLAVICULES DU ROI SALOMON

UNICURSAL

Copyright © 2026

Éditions Unicursal Publishers
unicursal.ca

ISBN 978-2-9816864-9-7 (PB)
ISBN 978-2-89806-325-1 (HC)

Première Édition, Lughnasadh 2017
Deuxième Édition, Imbolc 2026

CLAVICULES

DU ROI

SALOMON

Clavicula Salomonis Regis

LES SECRETS DES SECRETS

Comprenant un Exposé Clair &
Précis de la Procédure Secrète du
ROI SALOMON,

Ses Mystères & Rites Magiques,
En plus des Sceaux, Gravures, Charmes
& Talismans originaux.

PRÉAMBULE.

Souviens-toi, mon fils, *Roboam*, que lorsque moi, *Salomon*, j'ai reçu de DIEU, la Sagesse et la connaissance de toutes choses. Lors (répondit Roboam) d'où vient que je n'ai pas le même mérite que Salomon, mon père qui a eu, la science de toutes choses créées, par l'Ange de *Dieu*; Salomon répondit: écoute ma voix, mon fils, tu entendras de belles choses; «une nuit, m'allant coucher, ruminant au Saint Nom de *Dieu*, je demandai l'infaillible connaissance de toutes choses; alors l'Ange de *Dieu* m'apparut, et me dit: «Salomon, ta prière n'a pas été vaine auprès de *Dieu*; et, d'autant que tu n'as pas demandé à vivre longues années, beaucoup de richesses, ni la ruine de tes ennemis, mais l'intelligence pour faire un bon jugement, c'est pourquoi le

Seigneur t'a donné un cœur sage et tant d'intelligence qu'il n'y en a jamais eu, ni n'aura de semblable après toi. Conservant cette parole, et voyant que j'avais toutes les sciences et connaissances de toutes les créatures et choses célestes, de manière que je connais que toutes les sciences sont vaines, et comme il n'y a aucun art parfait et constant, j'ai composé un certain et véritable ouvrage, que j'ai intitulé : LES SECRETS DES SECRETS, dans lequel j'ai caché et enfermé tous les secrets de l'art magique, sans lequel ou ne peut acquérir ni remplir aucune de ces sciences. J'ai encore décrit cette Clavicule, parce que, comme celle-là ouvre le trésor, celle-ci ouvre la science et l'intelligence des arts magiques. Vois donc, ô mon fils ! et profite de mes travaux, et que toutes les choses soient préparées comme il faut. C'est pourquoi, ô mon fils ! je te commande par la bénédiction que tu attends de moi, que tu fasses faire une cassette d'ébène, dans laquelle tu mettras ma Clavicule ; et lorsque je passerai de cette vie à l'autre, tu la feras mettre dans mon sépulcre, afin qu'elle ne puisse jamais parvenir dans les mains de l'iniquité ; ce qui fut fait, comme Salomon l'avait ordonné. Enfin ayant été long-tems ensevelie, quelques Philosophes de Babylône firent renouveller le sépulcre pour l'embellir, et comme l'on creusait, cette cassette fut trouvée, laquelle fut prise et ouverte par les philosophes ; mais pas un d'eux n'y pouvait rien comprendre, à cause de son obscurité, à l'exception d'un d'entr'eux, nommé *Iroë Grego*, qui se mit en prière et demanda à *Dieu*, la larme à l'œil, qu'il lui plût accorder la grace de parvenir à cette science, afin qu'étant favorisé de son assistance, il devienne digne d'entendre cette science et les secrets de cette Clavicule. Sur-le-champ l'Ange du Seigneur lui apparut et lui dit : « ne t'étonnes point si les secrets de Salomon sont ainsi cachés, car le Seigneur a voulu que cette science ne tombât jamais dans les mains de l'iniquité et de l'impureté, ainsi promets-moi de ne révéler jamais à aucune créature vivante ce que je te montrerai, et le sache retenir, sinon les secrets seront profanés et n'auront aucun effet. » Ce qu'Iroë promit; aussitôt l'ange de *Dieu* disparut, en lui disant: « vas et lis la Clavicule; les paroles que tu trouvais si obscures te seront révélées et manifestées, Iroë resta avec une grande joie, voyant que c'était l'ange du Seigneur: puis en voyant l'ouvrage, il le trouva si changé, que facilement il aurait pu être connu de tous, et comme Iroë entrevit que cet ouvrage pourrait tomber entre les mains des iniques et des ignorans, il dit: « je conjure tous ceux, entre les mains desquels tomberont ces secrets, par la puissance de *Dieu* et sa sagesse, que ce trésor ne tombe point entre les mains des iniques, et ne se manifeste à qui n'est pas sage et n'a point de crainte de *Dieu*: ce faisant, je te prie qu'ils n'y puissent jamais parvenir.

Iroë resserra la Clavicule dans la cassette d'ébène. Les paroles de cette clavicule, sont ainsi qu'on le verra ci-après, écrites en deux livres et déclarées par ordre.

LIVRE PREMIER.

CHAPITRE IER

De l'amour de DIEU.

L'AMOUR DIVIN doit précéder l'acquisition de la science de *Salomon*, fils du roi *David*, lequel a dit : le principe de ma science et la clef, c'est la crainte de *Dieu*, de lui rendre honneur, de l'adorer avec grande contrition de cœur et dévotion, et l'invoquer en toutes choses que nous voulons faire et espérer, ce faisant, *Dieu* nous conduira dans le bon chemin. Quand donc tu voudras apprendre la science des arts magiques, il faut préparer l'ordre des lunaisons, des jours et des heures, sans l'observation desquels rien ne se pourra faire. Mais si tu les observe diligemment, tu pourras avec facilité venir à l'effet désiré.

CHAPITRE II.ᵉ

De l'Heure & Vertus des Planettes.

L A table des heures et Planettes, est
ci-après, à laquelle il faut avoir re-
cours. Les heures entre la nuit et le jour,
sont de vingt-quatre, et chacune heure
a une Planette qui la domine, le premier
est *Solday*, c'est-à-dire, ♄, le second c'est
Zedex, c'est-à-dire, ♃, le troisieme est
Madime, c'est-à dire, ♂, le quatrieme est
Zemen, qui est le ☀, le cinquième est
Hogos, c'est-à-dire, ♀, le sixième *Cocao* qui
est ☿, le septième est *Zeveac*, qui est ☽ ; et
pour la plus grande facilité :

Solday,	ou	♄	est Samedi,
Zedex,		♃	est Jeudi,
Madime,		♂	est Mardi,
Zemen,		☀	est Dimanche,
Hogos,		♀	est Vendredi,
Cocao,		☿	est Mercredi,
Zeveac,		☽	est Lundi.

Tous les jours ne sont point égaux, c'est en quoi les heures des Planettes ne sont point égales non plus ; et si vous voulez savoir combien de minutes fait une heure de Planette, il faut faire ainsi lorsque le jour est de quinze heures, il faut multiplier lesdites heures par cinq, c'est-à-dire, que cinq fois quinze font soixante-quinze, et autant de minutes, fera l'heure de la Planette de ce jour. Les heures de la nuit qui sont neuf, se multiplient par cinq, cinq fois neuf, valent quarante cinq et autant de minutes, fera l'heure de la Planette de nuit, et tu feras ainsi de la même manière en toutes les saisons de l'année.

Les heures de Saturne ♄, Mars ♂ et Lune ☽, sont bonnes pour parler aux Esprits ; celle de ♀ pour trouver les choses dérobées avec les Esprits ; celle de ♄ pour appeler les ames de l'Enfer, savoir de ceux qui sont morts de mort naturelle ; l'heure de ♂, pour appeller l'ame de ceux qui ont été tués, et pour lors on doit aussi joindre le jour comme dans la suivante expérience.

Pour appeller l'ame de quelques morts, faites l'expérience dans l'heure de ♄ le mieux que tu pourras et toujours, l'expérience se vérifiera, et si tu observes toutes les choses qui sont dans ces Chapitres, avec bien de la diligence, tu parviendras à la chose désirée ; mais au contraire, si tu manques à la moindre chose de tout ceci, jamais tu ne pourras parvenir à la moindre perfection d'aucune.

Les heures de ♄ sont propres à préparer comme de ♂, dans leurs jours dans lesquels ils se conjoignent avec la ☾, ou bien avec les mêmes. Et si tu as le regard de contraire ou de quadrat, elles sont bonnes pour faire les expériences de haines, de procès, inimitiés et discordes, ajoutant de plus les choses que nous dirons ci-après sur semblables matières.

Les heures du ☀, de Jupiter ♃ et de ♀, spécialement l'heure de leur Planette, sont bonnes à éprouver toutes les expériences, tant ordinaires qu'extraordinaires, lesquelles ne sont point comprises dans aucun genre ci-dessus marqué, joignant celles que nous dirons dans leur propre Chapitre ; comme celles qui appartiennent à la ☽, sont propres à la convocation des Esprits, des ouvrages Nécromanciens, comme pour trouver les choses dérobées, en prenant garde que la ☽ soit colloquée et en signe terrestre, c'est-à-dire, ♉ ♍ ♑ .

Pour l'amour, graces et invisibilité, la ☽ doit être en signe de feu ♈ ♌ ♐ .

Pour la haine et discorde, la ☽ doit être en signe aquatique ♋ ♏ ♓ .

Pour les expériences extraordinaires, la ☽ doit être dans les signes d'air ♊ ♎ ♒ , après la conjonction et sortie du ☉ et de ses rayons, et aussitôt qu'elle commence à paraître.

Mais si l'observation des choses ci-dessus te paraît si difficile, fais seulement ceci : observes la ☽ croissante jusqu'à son complément, qu'elle est au nombre pair avec le ☉ ; elle est très bonne pour faire les choses ci-dessus. La ☽ étant opposée au ☉ et pleine de lumière, est bonne pour faire les expériences de guerre, bruits et discordes, et quand elle est à son dernier quartier, elle est bonne pour faire les choses directes qui sont à la destruction et ruine. La ☽ tenant de nouveau a la convention ou recevant ses derniers rayons, est bonne pour faire l'expérience de la mort, parce que, dans ce tems-là, elle est privé de lumière.

De plus, observez inviolablement que la ☽ étant conjointe avec le ☀, rien ne doit être commencé, parce que ce temps-là est très-malheureux et que rien ne peut réussir. Mais que la ☽ étant au croissant et aiguë de lumière, tu pourras écrire, opérer et préparer toutes les expériences que tu voudras faire, principalement pour parler aux Esprits, il faut que ce soit le jour de ☿ et dans son heure, la ☽ étant au signe terrestre ou aérée comme a été dit ci-dessus, et en pareil nombre avec le ☀.

CHAPITRE III.ᵉ

En quels tems les Arts se doivent accomplir
& perfectionner, lorsqu'ils seront préparés.

D ANS le Chapitre ci-dessus, il a été traité des jours et heures, mainte-nant et spécialement, lorsque toutes les choses seront prépares et ordonnées, nous dirons en quels jour et heure elles se doivent perfectionner, s'il arrive donc que tu ayes quelqu'expérience pour parler avec les Esprits, ou les conjurer ; qu'elle ne soit notée d'aucuns jour et heure, tu opéreras dans les jour et heure de ☿, et l'heure sera la première ou la huitième, quoique cela, il vaudrait mieux dans la quinzième ou vingt-deuxième de la même nuit, laquelle on appelle avant-matin, lors en cette heure-là tu pourras expérimenter tous les arts et expériences du même genre comme ci dessus, soit pour le jour ou la nuit, pourvu que les choses soient prépa-rées à l'heure désignée au Chapitre Deux ci-dessus, pour de semblables expériences.

Mais quant aux expériences particulières, principalement pour appeler les Esprits, l'heure et le tems de la Conjuration ne se spécifient pas ; le plus sûr est de la faire de nuit, parce que les Esprits viennent plus facilement dans le silence qui règne la nuit, pourtant on doit observer inviolablement que certaine qualité de jour est bonne pour appeler les Esprits. Mais l'endroit principal et important pour le faire, c'est un lieu obscur, congru à semblable art, où personne n'habite, comme il sera dit plus au long dans son lieu, ainsi on pourra accomplir tel art et le conduire à effet.

Mais si tel art et expérience sont pour avoir la connaissance d'un vol, qu'il soit fait d'une manière quelconque, alors si les choses sont préparées ou ordonnées, on doit les faire en l'heure de la ☽ et de son jour, s'il est possible, en ☽ croissante, depuis la première heure du jour jusqu'à la huitième du même jour, ou bien à dix heures de nuit, mais il est mieux de jour que de nuit, parce que la lumière a plus de

rapport au désir, et elle favorise l'inclina-
tion et la volonté de faire voir les choses
désirées.

Mais si ce sont choses et expériences
d'amour, de grace et impétrations, tu opéreras de jour et heure du ☀, et ♀, à savoir depuis la première jusqu'à la huitième,
pourvu que les choses soient préparées et
ordonnées selon les jour et heure conve-
nants à cette expérience et de la manière
qu'elle se puisse faire.

Les œuvres de la destruction, haine
et désolation se doivent faire dans le jour
et heure de ♄, depuis la première heure
ou huitième de la nuit, la quinzième ou
vingt-deuxième, et ainsi elles seront véri-
tables.

Mais les expériences burlesques et
joyeuses se font dans la première heure de
♀ et de la huitième du jour, et pour la nuit
la quinzième et vingt-deuxième.

Les expériences extraordinaires, de
quelque nature qu'elles soient, doivent
être préparées et accomplies dans les
première et huitième heures de ♃ et de

la quinzième et de la vingt-deuxième de toutes les autres heures dans lesquelles les arts magiques doivent être accomplis ou expérimentés.

Il est nécessaire que la ☾ soit de lumière claire et pareil nombre avec le ☀; sous les rayons du ☀, c'est meilleur depuis le premier quartier jusqu'à ce qu'il soit à l'opposition, ainsi la ☾ tant en signe de feu et spécialement en ♌ ♈ ♓ ♐.

Pour l'exécution des expériences du vol, de quelque manière qu'elle se fasse, elle doit être perfectionnée quand la ☾ est manifestée et illuminée mais afin que les expériences soient découvertes de l'invisibilité, les choses étant toutes préparées, que la ☾ soit en ♓ à l'heure dans laquelle elle se perfectionne.

Les expériences d'amour et de grace de quelle condition qu'elles soient, pourvu que la ☾ soit comme dessus, en ♓, et que les choses soient préparées dans les heures compétentes, prenant garde que la ☾ soit dans le croissant, et encore plus qu'elle soit dans Vierge.

Il faut opérer seulement avec grande foi, en toutes les œuvres magiques, car elles ont si grande vertu, qu'elles suppléent souvent au défaut de ceux qui ont accoutumé de tomber dans les ouvrages, surtout l'observation des heures et Planettes est de très-grande conséquence si vous voulez réussir : il est aussi de très-grande conséquence de choisir un tems clair, quiet et sans vents, parce que les Esprits, qui n'ont ni peau, ni chair, ni os, ni corps, sont forcés de se faire un corps de l'air circonfus, et qui soit visible, lequel ne se peut parfaitement faire lorsque l'air est impur et agité.

Il est vrai que les anges ont été créés par *Dieu*, de diverses natures, les uns ayant été de beautés et de froid, les autres de mouvement et de feu, et les autres de vents : ceux qui ont été faits de vents, apparaissent avec grande vitesse, ressemblants aux vents : ceux qui ont été créés de beauté, apparaissent en belle forme : ceux qui ont été créés de mouvement et de feu, viendront avec grande impétuosité, mouvement de terre et en forme de feu, de manière que la présence de chacun ressemblera aux flammes de feu, et quand tu appelleras les Esprits créés de l'eau, ils viendront avec une grande pluie, tonnerres et choses semblables, et lorsque ce sera les Esprits créés de l'air ils viendront en espèce de vents doux.

Nota. Tu ne dois avoir aucune crainte de ces sortes d'Esprits, dans l'appel que tu en feras, parce que la crainte chasse la Foi, et la Foi blessée empêche la réussite des choses qui seront dites ci-après. Ce faisant, tu viendras à bout de quel Esprit que ce soit, et de quelle condition ou élément, t'obéira infailliblement ; de plus tu dois observer que les Esprits des élémens se doivent appeler dans un tems clair, serain, doux et tranquille. Les Esprits souterrains, dans un tems nocturne ou bien dans un jour nébuleux depuis midi jusqu'au coucher du soleil ; les Esprits ignées habitent en Orient, les aquatiques dans le midi, les bruyans dans le septentrion : et sur-tout prends garde qu'il faut toujours, pour plus grande sûreté, faire l'épreuve le visage tourné du côté où l'Esprit habite : que si l'on invoque les Esprits créés de feu, on doit être tourné du côté d'Orient, en faisant toutes les choses nécessaires pour ce côté, et ainsi des autres Esprits, dans les différentes parties du monde. Les expériences extraordinaires, savoir : celles d'amour, de grace et d'impétration seront plus efficaces, étant préparées du côté du Septentrion ; de plus tu dois observer que toutes les fois que tu feras une expérience, sans l'heure ou bien la solennité prescrites, tu ne feras rien. Mais si tu prépares et, accomplis les choses directement, tu en recevras l'effet, et si elles ne se succèdent pas, apprends que l'expérience sera fausse ou que tu auras manqué à quelque chose. Alors, pour l'accomplir, il faut la refaire de nouveau, et tu dois savoir de combien de Chapitres elle dépend, et que la clef de tous les arts dépend de son intelligence, sans quoi tu ne feras jamais rien.

CHAPITRE IV.ᵉ

De tous les Instrumens nécessaires à l'Art.

DE l'Art magique, plusieurs instrumens sont nécessaires, comme
l'épée, le bâton, verge, lancette, arctave
ou crochet, bolline, aiguille, poignard,
couteau avec un manche noir, et un autre
avec un manche blanc, pour faire le cercle,
et autres choses sur lesquels doivent être
gravés dessus les caractères sacrés et plusieurs autres choses, dont il est nécessaire
de faire principalement la forme de l'instrument appelé Bolline, dans le jour et
heure de ♃, en prenant un peu d'acier
neuf qui n'ait pas été mis en usage : tu le
mettras dans le feu par trois fois, et l'éteindras dans le sang de Taupe avec le suc de
pimprenelle, et que ce soit dans le tems que
la ☽ est pleine de lumière ou de cours, tu
y feras mettre un manche de corne dans la
même heure et jour de ♃, et qui doit être
taillé avec une épée neuve faite trois fois
dans le feu, comme il est dit ci-dessus, et

quand il sera fait et perfectionné, tu diras cette Oraison ou Conjuration :

« Je te conjure, ô forme d'instrument, de par Dieu, le Père tout-Puissant, par la vertu des Cieux et des Étoiles, et par la vertu des anges, par la vertu des Élémens, par celle des pierres, herbes et aussi par la vertu des neiges grandines et vents, qu'en toi tu reçoives la vertu que tu puisses arriver à faire toutes ces choses pour la perfection desquelles nous sommes, pour mettre en ouvrage sans fourberie, ni fausseté, ni tromperie, de par Dieu, le Créateur des siècles et Empereur des Anges. Amen. »

Après tu diras sur l'instrument les salutations suivantes : *Domine, Deus meus, speravi in te ; confitebor tibi, Domine, in toto corde meo ; Quemadmodum desiderat cervus ad fontes aquarum, &c.*

Après on doit joindre les paroles suivantes : Damahii, Lumech. Gadal, Pancia, Veloas, Meorod, Lamidoch, Baldach, Anerethon, Mitraton, Angeli piissimi, soyez gardiens de cet instrument, parce que je m'en servirai à plusieurs choses nécessaires. Tu le mettras ensuite dans un drap neuf de soie rouge, en faisant la suffumigation avec les parfums odoriférans, comme nous dirons ci-après. Prends garde de ne pas rachever de perfectionner ledit instrument que dans le jour de ♀, et son heure de la manière susdite ; dans le même jour, on pourra faire l'aiguille et semblables instrumens.

Après, dans le jour de ♂, la ☽ étant au signe du Capricorne ou bien dans la Vierge, s'il est possible, tu feras l'épée et la trempe dans le sang de Taupe et suc de pimprenelle et que la ☽ soit dans un tems aigu de cours et de lumière, en commencant depuis la première heure de ♂, et finiras à la neuvième heure du même jour ; tu y feras mettre un manche blanc coupé d'un bout avec une épée ou couteau neuf, dans lequel manche tu graveras ces caractères :

Puis tu le suffamigeras avec les susdits parfums, et, avec l'épée, fais toutes
les choses nécessaires à l'art, excepté le
cercle : si telle épée t'était difficile à faire en
la manière susdite, tâche d'avoir une épée
de la forme prédite et déjà faite alors tu
l'éteindras dans du sang et du suc, comme
il est dit plus haut, tu y feras mettre aussi le manche avec les caractères, et dessus
la lame, en commençant depuis la pointe
jusqu'au manche, écris avec une plume
d'Oie mâle, ces paroles : *Agla* ✠ *On*, par-
fumes-la comme devant ou comme nous
dirons ci-après, tu l'aspergeras ensuite
avec l'eau exorcisée et la mettras dans le
drap de soie ci-dessus.

Il faut faire l'autre avec le manche
noir pour faire le cercle et épouvanter
les Esprits ainsi que pour exercer antres
choses semblables : ce qui doit être fait en
tout et partout, comme l'autre, excepté les
jour et heure qui doivent être de ♃ , elle
doit être trempée et éteinte dans du sang
de Chat et jus de ciguë avec le manche
de corne de Mouton, tu formeras de la

même façon le poignard ou stilet ainsi que la lancette dans l'heure et le jour de ☿ et s'éteint dans le sang de Taupe et suc de mercurielle, tu y mettras un manche de corne taillé avec une épée neuve, dans le jour et heure de ☿, sur ledit manche tu écriras ces caractères :

Puis tu suffumigeras comme sus est dit, et tu t'en serviras de même en son lieu et quand il en sera nécessaire.

Le bâton doit être de canne et de la verge de noisetier, et tous deux vierges, c'est à-dire, sans rameaux adhérens : ils doivent être cueillis et taillés au jour et heure du ☀ ; sur le bâton, on doit écrire aux jour et heure de ☿, avec la plume dont est parlé ci-devant, les caractères que voici :

Et si avec commodité l'exorciseur peut graver ces caractères avec l'instrument sacré, ce sera mieux ; étant faits, on dira les paroles suivantes :

« Adonay, très Saint et Puissant, faites-nous la grace de consacrer et bénir ce bâton et cette verge afin qu'ils aient la vertu qu'ils doivent avoir : ô très-saint Adonay, auquel soit honneur et gloire par tous les siècles des siècles. Amen. »

Ensuite tu l'aspergeras de l'eau exorcisée et suffumigeras, tu les poseras dans le drap de soie, comme dessus. Comme les épées sont quelquefois nécessaires à l'art, tu en prendras une neuve, que tu feras polir au jour de Mercure ☿, depuis la première jusqu'à la troisième heure de nuit, sur laquelle tu écriras *Elohim Gibor*, en commençant depuis la pointe jusqu'à la garde ; les susdits noms Divins se doivent seulement écrire sur l'épée qui doit servir au maître ; pour les disciples, on écrit les noms suivans sur le manche, *Cardial* et sur la lame, *Pegion*, de l'un et de l'autre côté, transversalement, et puis en-

core d'un côté, *Panoraïm* ✠, de l'autre côté
écrire *Heomesim* ✠ comme il paraîtra dans
l'exemple ci-après ; et dans la seconde
épée, *Uriel, Saraïon, Gamerin* ✠ *Debaliin*,
de la manière susdite ; dessus la troisième
épée, tu y mettras : *Daniel, Imeton, Lamediin*
✠, *Eradin*, et tu y mettras un manche d'os
blanc : ensuite tu diras secrètement sur les
épées, la suivante Conjuration :

« Je te conjure, Épée, par ces trois
saints Noms, Albrot, Abracadabra, Jeova,
afin que dans chaque œuvre magique, tu
me sois une forteresse et défense contre
tous les ennemis visibles et invisibles,
par le nom Saint *Saday*, qui est très-puissant, et par ces autres noms : *Cados, Cados,
Cados, Adonay, Eloy, Zena, Oth, Ochimanuel,*
Premier et Très-Nouveau, Sagesse,
Chemin, Vie, Vertu, Chef, Bouche, Parole,
Splendeur, Lumière, Soleil, Fontaine,
Gloire, Montagne, Vigne, Porte, Pierre,
Bâton, Prêtre, Immortel, Messie, Épée,
que tu présides en toutes mes affaires et
en celles qui me sont contraires. Amen. »

Les Consécrations étant achevées, tu les mettras dans le drap de soie jusqu'à ce qu'il faille t'en servir.

Tous les instrumens qui suivent, étant directement consacrés et purifiés, servent pour toutes les expériences magiques.

Nota. Si vous êtes plus de trois, il faut autant d'épées et couteaux comme vous êtes de personnes.

Cɪ-ᴀᴘʀᴇ̀ꜱ ʟᴇꜱ INSTRUMENS :

Couteau à Manche blanc
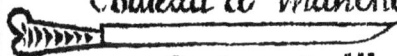

Couteau à Manche Noir

Crochet
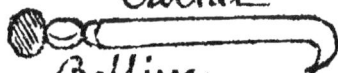

Botture

Stilet

aiguille

baton
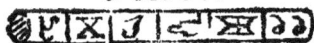

lancette

Verge

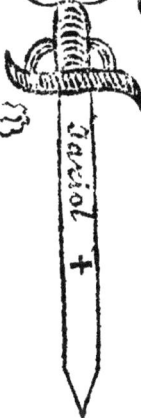

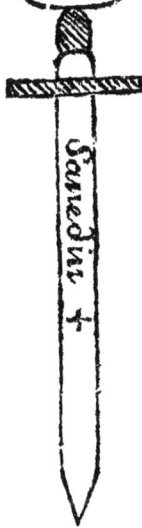

CHAPITRE V.ᵉ

De l'Expérience du Vol, & de quelle manière on opère.

O R, mon cher fils, ci trouve l'Expérience préparée au Vol : tu feras comme ci-dessus, et tu te muniras du signe de *Dieu*. Si dans cette expérience, les jour et heure ne sont pas marqués, tu la feras dans les jour et heure comme il est dit dans le Chapitre Deux des heures et vertus des Planettes ; avant que de commencer l'ouvrage, tout étant préparé, tu diras cette Oraison :

« Atha Milech Nigheliona, Assermaloch, Bassamoïm, Eyes, Saramelachin, Baarel, Emod, Egen, Gemos. Toi, Seigneur qui as fait le Ciel et la Terre avec une palme, qui es assis sur les Chérubins et Séraphins, qui as fait toutes les choses cachées à nos yeux, le tout à ton service. Cados, Cados, Eloy, Zenaoth, que le Ciel et la Terre soient pleins de ta Majesté. O Seigneur *Dieu*, je te conjure par ton nom admirable, *quadri lettre*, qui est JIOT HE VAV HE, et par ton saint et adorable nom Adonay, de me donner la vertu et la force, afin que je puisse directement perfectionner cette œuvre. Je te prie, mon *Dieu*, de faire que je puisse connaître la vérité et la force de cette expérience, et que je la puisse conduire à la fin désirée. Amen. »

Après que tout sera préparé, tu diras ces paroles :

« Pere Tout-Puissant, que contient le Ciel et la Terre, et qui vois les abîmes, je te prie, par ton saint nom, JOD HE VAU HE, lequel est décrit avec quatre lettres, concède nous ta miséricorde, que, par le moyen de cet Exorcisme, nous puissions trouver la vérité. JOT, JOT, JOT, que par ta vertu, ces Esprits nous enseignent en quel lieu est la chose dérobée, que promptement ils la fassent voir, ou à cet enfant. »

Cela étant fait, les Esprits te feront voir incontinent les choses que tu cherches, observes bien qu'il faut que l'Exorcisme soit comme il est dit dans le Chapitre de l'Exorcisme ; et si dans pareilles expériences, on doit écrire des caractères ou des noms, observes qu'il faut avoir du papier, plumes, écritoires de la même manière qu'il sera dit dans leur Chapitre, car si tu ne fais pas bien toutes choses, tu ne feras rien du tout.

CHAPITRE VI.ᵉ

De l'Expérience de l'Invisibilité.

AVANT de faire l'Expérience d'Invisibilité, tu diras de cœur les paroles suivantes : Scaboles, Habrion, Elæ, Elimigit, Gabolii Semitrion, Metinobol, Sabaniteut, Heremobol, Cane, Methé, Baluti, Catea, Timeguel, Bora, par l'empire que vous avez sur nous, faites cette œuvre, afin que je puisse être invisible. Il faut écrire ces caractères avec le sang ci devant décrit, et dire cette Conjuration :

« Je vous conjure et vous contrains, ô vous, Esprits d'invisibilité, qu'incontinent et sans tarder, vous consacriez cette expérience, afin que certainement je puisse aller invisible et sans fourberies. Derechef, je vous conjure encore par Lucifer, votre Prince, et par l'obéissance que vous lui devez et par la Puissance de *Dieu*, qu'incontinent vous m'aidiez en telle sorte, que vous consacriez cette expérience sans perte de mon corps ni de mon ame. *Fiat, fiat, fiat.* »

Pour cette expérience, ayes toutes les choses bien préparées avec diligence et avec toutes les solennités contenues et requises dans ladite expérience, comme il apparaît au Chapitre qui lui est propre, ensuite tu peux opérer avec sûreté, et tu trouveras la vérité ; mais si tu manques à quelques unes de ces choses nécessaires, tu ne pourras pas parvenir à ce désir, parce que l'on ne doit entrer dans une ville que par la porte et non pas par les murs.

CHAPITRE VII.ᵉ

De l'Expérience d'Amour
& comme elle se fait.

A qui que ce soit que tu veuilles faire l'Expérience d'Amour, ou pour posséder l'amour de qui que ce soit, soit homme, soit femme, il est nécessaire en faisant l'expérience, d'observer les choses par le menu, et si tu manquais dans les jour et heure, fais ton expérience comme il est dit plus haut dans le Chapitre des heures, elle doit se faire avec de la cire ou statue, ou autre matière préparée, premiè- rement, la matière comme il sera dit dans leur Chapitre, et la préparation étant faite, tu diras sur la cire les paroles suivantes:

« Noga, Jes, Astropolim, Asmo, Coccav, Bermona, Tentator, Soignator; je vous conjure tous, ministres d'amour et de fornication, par celui qui vous a condamnés aux enfers, de consacrer cette cire comme, elle le doit être, afin qu'elle acquiert la vertu desirée, qu'elle doit obtenir par la puissance du très-saint Adonay, qui vit et règne par tous les siècles des siècles. Amen. »

Tu formeras ensuite l'image comme l'expérience le démontre, il sera très-nécessaire d'écrire dessus, avec la plume d'Oie mâle, tel qu'il est désigné dans son lieu, on l'exécute comme l'expérience l'enseigne, et on la parfume chaque fois ainsi qu'il a été dit, prononçant ces mots :

« O toi, très puissant Roi Paymon, qui très puissamment règne et domine en toute la partie Occidentale, ô toi Egim, Roi très-fort, de l'empire duquel on monte au Pays Froid, ô toi, Asmodée, qui domine au Midi, ô toi, Aymemon, Roi très-noble, qui règne dans l'Orient, le règne et empire duquel a un principe et doit durer, jusqu'à la fin des siècles. Je vous invoque et vous prie par ce *eo*, qui a dit *et factum est*, qui avec sa seule parole, a créé tout, et auquel toutes les créatures obéissent par le siége de sa Majesté, par sa Volonté et son Nom, par celui qui était avant les siècles et qui les a créés, que l'on décrit avec quatre

mots : *Jod He Vau He*, et par toutes les en-
chanteries et vertus d'icelles ainsi que par
les insignes noms du Créateur, que vous
consacriez la présente image, et faites
qu'elle obtienne la vertu qu'elle doit avoir
et que nous désirons par le Très-Saint
Nom Adonay, la vertu du quel n'a eu principe, ni n'aura de fin. »

Cela étant fait, tu conjureras avec la
Conjuration de l'image, c'est-à-dire, de
l'expérience, et si la femme ne vient pas
ou l'homme, pour lors tu mettras l'image
dessous le chevet de ton lit, et, avant trois
jours, tu verras des choses qui seront ad-
mirables, et si tu fais ces choses avec soin,
ni la terre, ni les chaînes ne pourront em-
pêcher que la personne ne vienne à toi, de
laquelle personne tu obtiendras ce que tu
voudras, sans exception d'aucune chose ;
et si tu fais l'image de métal, plomb ou
étain, elle doit être faite comme il est dit
ci-dessus et que l'on verra ci-après : les
caractères et les noms doivent être décrits et dépeints avec le papier, plume,
couleur, comme ci devant, comme il sera

dit dans le Chapitre suivant. L'heure et le jour, qui doivent être observés et réglés en toutes les solennités nécessaires en semblables expériences, doivent être faites comme elles sont décrites dans leur propre Chapitre, ci-dessus et tel qu'il sera dit dans le Second Livre. Mais si l'expérience doit être pour trouver la personne aimée, mets sous la porte sur laquelle elle doit passer, ou bien que ce soit une expérience de telle condition que ce soit, il faut faire une poudre que l'on puisse jetter sur la femme ou la faire boire ou manger, on doit faire les solennités des heures, matières, du tems et des instrumens, comme il est marqué dans leur Chapitre ; tu diras, en quelle partie du monde que ce puisse être, ou avec qui que tu sois, le nom de l'Esprit, en disant :

« Je vous conjure et contrains, vous, Diables, qui avez puissance de bouleverser les cœurs des hommes et des femmes, par celui qui nous a créés de rien, et par cette chose, que vous veniez en ma présence cette nuit, afin que je reçoive la vertu de forcer à m'aimer qui je voudrai, soit mâle ou femelle. »

Et puis il faut opérer pour cette chose consacrée, comme il est enseigné dans la propre expérience, et que cela se fasse selon la propre doctrine de la même expérience, alors que toutes les choses seront préparées, tant caractères, figures de cire, plomb ou autres matières, vous direz sur iceux :

« Je vous conjure, ô vous, Anaël, Donquel, Theliel, Princes d'amour et tous vos ministres, qui avez puissance d'imprimer la chaleur dans les hommes et dans les femmes, et d'embrâser le feu d'amour ; je dis que je vous conjure par celui qui est assis sur les Chérubins, qui garde les abîmes et par celui qui fait trembler le monde, et auquel toutes les créatures obéissent, que ainsi vous consentiez que ces caractères ou figures aient cette vertu, afin que l'homme ou femme que ce soit, me puisse aimer, désirer et brûler de mon amour, sans qu'elle puisse être aimée de qui que ce soit que de moi. »

Après quoi tu mettras cette expérience dans un vase pendant une nuit, et tu opéreras aux jour et heure propre, comme nous avons dit, parce que tu en verras merveille.

CHAPITRE VIII.ᵉ

De l'Expérience de la Grace & Impétration.

S I tu veux faire l'Expérience de Grace et d'Impétration, observe de quelle manière est faite cette expérience, que, si tu manques les jour et heure, tu la feras dans les jour et heure comme dessus est dit, et alors dans icelle, on doit écrire avec la plume sus désignée, puis tu suffumigeras et aspergeras avec l'eau et aspersoir, de l'art comme ci-dessous. Si avec caractères ou noms, qu'ils se fassent conformément à l'art, et le breve doit être mis dans le drap de soie de l'art, disant la présente Oraison :

« Adonay, *Dieu* très-Saint et très-puissant, qui est Alpha et Oméga, par ta miséricorde et bonté desquelles tu es rempli : concéde moi que cette expérience ainsi consacrée et parfaite, se trouve, afin que tu me concilies la grace et me concédes l'impétration, que la lumière de ta sainte foi vienne, ô Adonay, laquelle en ce breve tu mettes la vertu pour acquérir la grace. »

Ayant fini, il faut le mettre dans le drap de soie et l'ensevelir pendant un jour et une nuit; voulant obtenir les bonnes graces et faveurs de quelqu'un, prends ce breve ainsi consacré directement avec le susdit ordre, et tu le mettras dans ta main droite: demandes tout ce que tu voudras, tu l'obtiendras; en allant pour demander la grace, tu diras l'Oraison ci-dessus.

CHAPITRE IX.ᵉ

Des Expériences de Haine et Destruction.

L ES Expériences pour les Ennemis se font ainsi et en plusieurs manières : tu, observeras très-diligemment et fidèlement toutes les particularités de chaque expérience, soit qu'elle se fasse avec image de cire ou mitre matière ; que si les jour et heure te manquent, prends les mêmes jour et heure dans leur Chapitre, ensuite prépare ladite image propre à cet effet, avec ordre et manière, après tu la suffumigeras avec les odeurs marquées ci-après dans son Chapitre. Si tu dois écrire sur cette image, tu le feras avec l'aiguille ou le stylet susdit, ensuite tu diras une fois sur cette image les paroles suivantes :

« *Usor, Dilapidatore, Tentatore, Soignatore, Devoratore, Concitore & Seductore.* Je dis vous, tous vos ministres et compagnons, vous conjurent, contraignent et commandent que vous fassiez volontiers ceci, à savoir, que vous consacriez cette image directement, et que cela soit fait au nom de N.N.; que comme la face de l'un est contraire à l'autre, ainsi N.N.ne se puissent jamais regarder. »

Tu mettras ensuite cette image en quelque lieu parfumé avec de méchantes odeurs, particulièrement des espèces de ♂ , comme souffre et *assa fœtida*, et que ce soit pendant une nuit, après tu aspergeras ladite image comme il sera dit en son lieu, en observant l'heure et le tems, ainsi qu'il est marqué dans leur Chapitre ; que si l'expérience se fait avec caractère ou noms, ou en touchant les amans par paroles ou par quelque manière que ce soit. Il faut bien observer tout ce qui se devra faire, tel qu'il sera marqué dans leur Chapitre ; mais lorsque l'expérience se fait, en donnant quelque chose à manger, cela se prend dans les jour et heure propres ces choses, comme je vous ai dit : étant ainsi préparées, il faut les mettre devant soi, en disant :

« Oû êtes-vous *Soignatore*, *Usore*, *Dilapidatore* & *Dentatore*, *Concisore*,

Divoratore, Seductore & Seminatore? Vous qui semez la discorde, où êtes-vous? qui mettez la haine et apportez les inimitiés, je vous conjure, par celui qui vous a créés à ce ministère, que vous fassiez cet ouvrage, ou bien quand *N.N* mangera de semblables choses ou de quelle manière il la touche, jamais il ne puisse vivre en paix. »

Et puis tu donneras à telle personne que tu voudras dans l'heure de ♄ ou bien de ♂, parce que tu opéreras ceci de la manière que tu le souhaites; prends garde pourtant d'observer les choses nécessaires à semblables expériences, comme il est enseigné dans les Chapitres qui sont dans les Premier et Second Livres.

CHAPITRE X.ᵉ

Pour préparer les matières Burlesques
& Dérisoires.

LES Expériences Burlesques et Dérisoires se font en plusieurs manières : lorsque tu voudras en faire quelques-unes, tu observeras le jour et heure, comme sus est dit, après quoi tu écriras toutes ces expériences ainsi que I'on doit en telles badineries, que si c'est des paroles ou caractères, que ce soit en papier vierge, avec la plume sus désignée de l'art. Si en icelle, il est déclaré autrement, ta dois écrire sur ledit papier vierge avec la plume d'Oie mâle et l'aiguille de l'art, trempés dans le sang de Lézard; mais avant que d'écrire les noms et caractères, tu dois observer toutes les choses marquées dans nos Chapitres. Ce qu'étant fait, il faut avoir cette expérience devant toi, sur laquelle tu diras d'une voix douce :

« Abac, Abedac, Isbac, Audac, Custiac, Evac, Cusor et Circulatori, et fais-toi montrer cette chose comme tu sais, et de qui elle sera regardée, venez donc, armez vous et consacrez vous, c'est un grand enchantement, puisque Dieu est le Seigneur Tout-Puissant, et vous ajoutez pour de semblables choses. »

Après quoi semblable brève s'accomplit, étant préparée dans les tems et heure, comme il sera dit ci-après et les susdits noms *Abac, &c.*, comme ci-dessus et les suivans qui doivent être écrits ou insérés dans l'expérience, avec la plume de l'art ordonnée à cet effet.

Et si l'expérience se fait sans écritures, de quelque manière que ce soit, on doit toujours répéter les mêmes paroles, et ainsi on viendra à bout de telles expériences, par lesquelles on pourra tromper les sens.

CHAPITRE XI.ᵉ

De la manière de préparer les Expériences Extraordinaires.

D ANS les précédens Chapitres, nous avons parlé des expériences communes qui ont coutume de venir à l'ordinaire.

Maintenant, pour le complément de notre Livre, sous un commun Chapitre, nous traiterons des Expériences Extraordinaires; telles sont les expériences de lier ou fasciner les hommes, femmes ou autres expériences semblables; telles sont encore celles qui servent à tromper de manière que nous puissions user ensemble; enfin celles qui sont d'avoir affaire avec quelque femme sans aucune solennité. C'est pourquoi si tu en peux faire quelques-unes, tache de la préparer selon ses jour et heure convenables, tu écris sur le papier de l'art avec la plume d'Oie mâle, en quelle expérience ou en quelle matière qu'elles se fassent, il faut dire dessus cette Oraison :

« O Dieu, qui as fait toutes les choses, et qui nous as donné la science pour connaître le bien d'avec le mal par ton saint Nom, qui est Adonay, concède moi que cette expérience soit véritable dans mes mains, par ton Saint Nom, qui a sept cours d'Anges devant toi, qui crient devant toi, en disant : Cados, Cados, Cados, Eloy, Sabaoth, et ces saints noms Jah, Jod, Vau, Palos, Fofar, Sospazor, Zuor, Amator, Creator, fais-moi la grace que cette expérience soit véritable dans mes mains. »

Puis ayant fait toutes ces choses, tu opéreras selon l'heure de cette expérience, et tu observeras toutes les autres solennités, comme il est marqué en la présente ; après tu diras sur cette expérience ces paroles :

« Asmorida, Diecte, Horrida, Trectay, Becsay, Arfusa, Astara, et vous tous, Esprits dénommés, venez de quelle partie du monde que ce soit, et m'aidez dans cette expérience, afin qu'elle se consacre et confirme par vous, et qu'elle retienne la vertu qu'elle doit avoir par le Nom Très-Saint, Adonay, lequel vit sans fin, et règne par tous les siècles des siècles. Amen. »

Ensuite tu suffumigeras avec odeur cette expérience et l'aspergeras avec l'eau de l'art, au nom des Esprits, par lesquels se fait de semblable ouvrage, ensuite tu opéreras dans les susdits jour et heures marqués dans le Chapitre de l'expérience, que si elle ne réussit pas, fais la dans les jour et heure de ☿, il faut remarquer que lorsque tu voudras faire quelqu'expérience, si tu manques quelques-unes de ces choses qui sont décrites, jamais tu n'arriveras à celle désirée, mais si tu les fais toutes avec diligence, tu ne pourras pas manquer, avec les plumes, de voler.

CHAPITRE XII.ᵉ

De la manière que doit être l'Exorciseur.

L'Exorciseur étant nétoyé de tous péchés, doit écrire toutes les conjurations et exorciser sur du papier vierge, avant la plume d'Oie mâle; savoir: les noms de toutes les Planettes, les caractères, les heures, les signes et généralement tout ce qui concerne la magie. Il faut qu'il se purifie avec l'eau exorcisée depuis le sommet de la tête jusques aux pieds, en disant:

« Seigneur Adonay, qui m'as formé à son image et ressemblance, aye la bonté de bénir ainsi que sanctifier cette eau, afin qu'elle soit le salut de mon corps et de mon ame, et qu'aucune méchanceté ne puisse jaimais avoir lieu sur moi. »

Puis il s'essuiera; il faudra qu'il dise cette Oraison cinq fois le jour et quatre la nuit, pendant trois jours:

« Astroschio, Asath, à sacra Bedrimubal, Felut, Anabotos, Serabilem,

Sergen, Gemen, Domos. Seigneur Dieu, qui êtes assis sur les Cieux, qui voyez les abîmes, concédez-moi, je vous prie, que les closes, que je conçois dans mon Esprit, puissent être par moi mises à exécution, par vous, Ô Grand Dieu qui vivez et régnez dans tous les siècles des siècles. Amen. »

Les trois jours étant passés, il faut avoir toutes les choses nécessaires à l'art, puis attendre I'heure pour opérer ; toutes ces choses étant prêtes, il commencera l'œuvre, surtout il faut bien observer les jours, heures et quantièmes de la ☾ ainsi que les planettes.

CHAPITRE XIII.ᵉ

*Comme se doit faire l'Aspersoir
& l'Eau exorcisée.*

Iʟ faut faire l'eau et l'aspersoir dans les jour et heure de ☿: prends un pot de terre vernissé, remplis le d'eau de fontaine vive, dans laquelle tu jetteras du sel, et tu diras le Pseaume *Domine, ne in furore tuo arguas me*; tout au long et *Domine exaudi orationem meam*, ensuite l'Oraison suivante:

« Toi Seigneur Très-Puissant, mon Dieu, mon repos et ma vie, aide moi, Très Saint Père, j'espère en toi, comme Dieu d'Abraham, Dieu d'Isaac, Dieu de Jacob, des Anges et Archanges, Dieu des Prophètes et Dieu Créateur de toutes choses, je te prie, en toute humilité, par l'invocation de ton Saint Nom, que tu daignes bénir cette eau, afin qu'en quel lieu qu'elle soit jettée, elle puisse sanctifier nos corps et nos ames, par toi, Très-Saint Adonay, duquel le règne n'aura jamais de fin, dans les siècles des siècles. Amen. »

Puis dans le même jour, tu feras l'aspersoir avec la vervaine, pervanche, sauge, menthe, valérianne, fresne et basilic; tu n'y ajouteras point l'hysope, mais le romarin: fais un petit aspersoir de toutes ces herbes, mets y un manche de bois de noisetier vierge, long de trois palmes, auquel tu lieras lesdites herbes avec du fil qui soit filé par une vierge; sur le manche, tu graveras ces caractères d'un côté:

Avec ceci, tu opéreras toutes les fois que tu voudras, et sache qu'en quelque lieu que tu aspergeras de cette eau, tu feras disparaître tous les fantômes, de sorte qu'ils ne pourront donner aucun empêchement, de laquelle eau tu te serviras en toutes préparations. Cette eau est propre pour tout dans la Clavicule.

CHAPITRE XIV.ᵉ

Des Encensemens et Suffumigations.

IL y a deux sortes de suffumigations : les unes sont puantes, qui se font avec le souffre en poudre et l'*assa fœtida*; les odoriférantes se font avec le bois d'aloës, encens, benjoin, storax ou telles autres odeurs que tu voudras choisir. Pour les odoriférantes, tu diras dessus :

« Dieu d'Abraham ✠ Dieu d'Isaac ✠et Dieu de Jacob ✠, daignes bénir et sanctifier ces Créatures de telle espèce qu'elles soient, afin qu'elles acquièrent la vertu et la force pour connaître les bons Esprits d'avec les méchans, ennemis et fantômes, par toi, Adonay, qui vit et règne par tous les siècles des siècles. Amen. »

Second Exorcisme.

« Je t'exorcise, ô Esprit immonde qui es fantôme de l'ennemi, pour qu'au nom de Dieu Tout-Puissant, tu ayes à sortir de

cette espèce, avec toute fausseté et méchanceté, en telle sorte qu'elle demeure
sanctifiée et exorcisée, au nom de Dieu
Tout Puissant, afin que toutes vertus
viennent à ceux qui goûteront cette odeur,
que l'Esprit de Dieu arrive en sorte que
cette espèce étant brûlée, aye la vertu du
Seigneur, pour qu'aucun fantôme ne soit
si hardi que de l'accoster, par le Nom inef-
fable de Dieu Tout-Puissant. Amen. »

Troisième Exorcisme.

« Daigne, Seigneur, bénir et sanctifier
cette Créature, afin qu'elle soit un très-
grand remède salutaire au genre humain
et le salut de nos ames et de nos corps, par
l'invocation de ton Très-Saint Nom, pour
que toutes les Créatures qui sentiront la
suffumigation de cette espèce, reçoivent la
santé du corps et de l'ame, par ce Seigneur
qui a créé les siècles des siècles, ainsi soit-
il. »

Cela étant fait, tu les aspergeras d'eau
exorcisée et les mettras dans le drap de

soie pour t'en servir, tel qu'il est prescrit. Quand tu voudras suffumiger quelque chose, tu prendras du charbon neuf qui n'ait pas été allumé, et tu l'exorciseras étant encore noir, en la manière ci-après, l'ayant allumé.

EXORCISME DU CHARBON
ALLUMÉ.

« Je t'exorcise, ô Créature de feu! par celui qui a fait toutes choses, que tu chasses de toi tout fantôme, afin qu'ils ne leur nuisent ni ne les troublent aucunement dans leur ouvrage, par l'invocation du Très-Haut Créateur. Amen.

« Bénissez, ô Seigneur Tout-Puissant et miséricordieux, la Créature de cette-espèce, afin qu'il n'arrive aucun mal à celui qui s'en servira. Amen. »

Et comme il arrive des expériences ou l'on doit se servir des espèces puantes ou odeurs, comme nous avons dit ci-dessus. Il les faut préparer, ces espèces ou odeurs puantes, en disant ces mots :

« Adonay, Lazay, Delmay, Amay, Saday, Eloy, par l'invocation de ton Très-Saint Nom, ô Seigneur! donne nous le secours de ta grace par cette espèce, et qu'elle nous soit un aide dans toutes les choses que nous voulons opérer; que toute méchanceté sorte d'icelle, afin qu'elle soit bénie et sanctifiée dans ton Nom Très-Puissant. Amen. »

Après tu l'aspergeras avec l'eau exorcisée, et tu la mettras dans le drap de soie; operes toutes les fois qu'il sera nécessaire, toujours au nom du Très-Saint Adonay: ainsi faisant tu auras ce que tu désires.

CHAPITRE XV.ᵉ

Du Drap de soie.

QUAND tous les instrumens de l'Art, seront directement consacrés et exorcisés, ils doivent être mis dans un drap de soie précieux, comme dit Salomon, afin que toutes ces choses se conservent nettement et chastement, pour être plus efficaces : il n'importe pas de quelle couleur il soit, excepté noir ou brun, et dans lequel il faut écrire avec la plume d'Oie mâle de l'Art, les caractères suivans avec du sang de Pigeon :

Ensuite tu écriras ces noms, *Adonay, Ammastius, Anareton, Cosbos, Eloym;* tu les encenseras et aspergeras, en disant après les Pseaumes : *Domine, Dominus noster, &c.; Deus judicium tuum Regi da, &c. ; Ecce nunc di-*

mittis, &c., après tu mettras tous les instrumens magiques, avec lesquels tu opèreras
quand tu voudras et tu acquerreras l'effet.

CHAPITRE XVI.ᵉ

De la Plume d'Oie mâle.

Tous les caractères doivent s'écrire avec la plume tel qu'il va être dit: prends la troisième plume de l'aîle droite d'un Oie mâle; en la tirant, tu diras ces mots:

« Abrachay, Abatoy, Samatoy, Scaver, Adonay, chassez de cette Plume toute méchanceté, afin qu'elle retienne en soi toute puissance d'écrire toutes les choses que vous voudrez. »

Puis tu la tailleras avec le couteau de l'Art, le couteau au manche blanc, l'encense et l'asperge; ensuite tu prendras un cornet de terre ou écritoire neuve, qui soit faite aux jour et heure de ☿, et autour tu graveras ou écriras avec le stylet exorcisé, ces noms: *Jod He Vau He, Mitraton, Jac, Jac, Jac, Cados, Eloyn, Zevao*; tu mettras ensuite la plume dedans, prononçant ces paroles:

« Je t'exorcise Créature de Plume, par Etereton, par Stimulaton et par le nom

Adonay, que tu me sois en aide en toutes mes opérations. »

Comme il est quelquefois nécessaire d'écrire avec des couleurs, tu auras plusieurs cornets d'encre blanche dans laquelle tu délayeras tes couleurs pour les Pentacles et caractères ci après ; il faut que les couleurs soient détrempées avec l'eau bénite que nous appelons exorcisée et de gomme arabique, puis tu les parfumeras : que ce soit en toute dévotion, humilité et foi, sans lesquelles rien ne se peut faire.

CHAPITRE XVII.ᵉ

Du Sang de Pigeon & autres Animaux.

Tu prendras un Pigeon, que tu exorciseras ainsi :

« Je te conjure, ô Pigeon, que, dans
nos ouvrages, tu sois pour m'aider de la
part du Dieu vivant et vrai, par le Dieu
Saint, par ce Grand Dieu qui t'a créé, par
Adam, qui t'a donné le nom avec tous les
animaux. »

Après tu prendras l'aiguille désignée au
Chapitre Quatre, avec laquelle tu perceras
la veine droite de l'aile du Pigeon, et tu
prendras ce sang dans un vase, sur lequel
tu diras ces paroles :

« Adonay, très-puissant, Areton, Arsay,
Saday, Dieu Tout-Puissant, Saint, imma-
culé et immuable Emmanuel, Messiah,
Jeova, soyez moi en aide, afin que ce sang
puisse me servir en tout ce que je voudrai
et demanderai. Amen. »

Remarque que quand tu voudras avoir
du sang de quelqu'animal que ce soit, tu

dois toujours le piquer avec quelques uns des instrumens de l'Art, mais la lancette fait mieux.

CHAPITRE XVIII.ᵉ

De la Plume de l'Hirondelle.

O N prend la plume de l'aîle droite de l'Hirondelle, que l'on appelle épée, et, avant de la tirer, tu diras ces deux mots, *sin re*; après tu la tailleras avec le couteau de l'Art, tu écriras sur cette plume avec la plume d'Oie, ce nom *Anereton*, ensuite tu répéteras dessus les Pseaumes *Ecce quàm bonum et quàm jucundum, &c. Laudate Dominum omnes gentes, &c.*; puis, l'aspergeant, et la parfumant comme l'autre, tu la mettras dans le drap de soie comme ci-devant.

CHAPITRE XIX.ᵉ

Comme se fait & prépare le Parchemin vierge.

L E Parchemin consacré est trés-néces-
saire à l'Art magique, en plusieurs manières, lequel peut être de deux sortes, l'un
vierge et l'autre non : on appelle vierge, celui qui est fait de bêtes n'ayant jamais en-
gendré, sur-tout mâles, et que ce soit dans
les jour et heure de ☿ . Tu mettras l'animal
qui te fournira le parchemin, dans un lieu
secret où personne n'habite ni te puisse
voir, après ta prendras une canne vierge,
tu la tailleras en forme de couteau, avec
celui à manche blanc, la nétoyant bien de
ses rameaux, puis tu diras dessus :

« Je te conjure, Canne, par le Créateur
de l'Univers et Roi des Anges, le nom duquel est Helsaday, que tu prenne force et
vertu d'écorcher cet animal pour faire le
Parchemin sur lequel tu puisses écrire le
Très Saint Nom de Dieu, afin que toutes
les choses que j'écrirai dessus, puissent
réussir par ce Dieu Tout Puissant, qui

vit et règne dans les siècles des siècles. Amen. »

Tu diras en coupant cette canne, le Pseaume *Deus judicium tuum Regi, &c.* ; puis tu écriras sur ladite canne, ces mots : *Agla, Adonay, Eloë, que par vous s'accomplisse l'ouvrage de ce couteau de canne*, ensuite vous direz dessus : *Cara, Cherna, Sito, Cirna*. Ecorche après l'animal avec ce couteau de canne, en disant :

« Adonay, Dalmay, Saday, Tetragrammaton, Anereton, Anepaton, Cureton, Saints Anges de Dieu, soyez présens et donnez vertu à ce Parchemin, que par vous il se consacre, en telle sorte que toutes les choses qui s'écriront dessus, acquèrent une telle vertu, que elles puissent avoir la fin desirée. »

Et quand tu l'auras écorché, prends du sel et dis dessus :

« Dieu des dieux daignes bénir et sanctifier ce Sel, afin que j'en puisse asperger ce Parchemin que je prétends faire en lui, en sorte qu'ils obtiennent vertu, puissance et effet. »

Après, avec le sel tu saleras ladite peau, que tu mettras au soleil pendant quinze jours; prends ensuite un pot de terre vernissé, autour duquel tu écriras ces caractères :

Dedans ce pot, tu mettras une grosse pierre de chaux vive avec de l'eau bénite; étant liquéfiée et éteinte, tu en envelopperas la peau, le tout dans ledit pot, et tu l'y laisseras neuf jours entiers, ensuite tu la tireras et avec le couteau de canne, tu la ratisseras pour en ôter le poil, tu la mettras sécher pendant huit jours à l'ombre; en la mettant sécher, il faut l'asperger, en disant :

« Au nom du Grand Dieu éternel, je t'asperge, afin que ta sois purifiée de tous vice et iniquité. »

Puis tu la parfumeras d'odeurs odoriférantes, tu la serreras ensuite dans le drap de soie avec tous les instrumens de l'art;

que pas une femme ayant ses fleurs ne la voye, parce qu'elle perdrait toute sa vertu.

Mais si cette manière de parchemin te parait trop difficile, prends du parchemin vierge de quelque bête que ce soit, exorcise le comme ci-dessus, tu mettras ensuite du charbon allumé dans un pot neuf vernissé, tu y mêleras les bonnes odeurs, et au-dessus ton parchemin, pour les recevoir ; mais avant tu feras ces caractères autour du pot avec les instrumens de l'art.

Tant que durera la suffumigation, tu diras :

« Anges de Dieu, soyez à mon aide, que par vous s'accomplisse notre ouvrage. Après tu diras : Lazay, Salmay, Dalmay, Anepaton, Cendrion, Anitor, Encheron, Saints Anges de Dieu, soyez présens et donnez la vertu à ce Parchemin, pour qu'il puisse acquérir celle de tous les caractères dont il sera revêtu, par l'aide de Dieu pieux et miséricordieux. »

Tu diras les Pseaumes *Deus judi-cium tuum, Regi, &c., Laudate Dominum omnes gentes, &c.* Ensuite tu réciteras la Conjuration suivante :

« Je te conjure, Créature de Parchemin, par tous les noms de Dieu, que toutes les choses qui seront écrites en toi, ne s'effacent jamais de la vérité. »

Après quoi tu l'aspergeras et le mettras dans le drap de soie, comme il est dit plus haut.

CHAPITRE XX.ᵉ

De la Coëffe des enfans nouveaux nés.

QUAND tu auras des coëffes des enfans nouveaux nés, tu les parfumeras avec des odeurs odoriférantes et aspergeras, après quoi tu diras les Pseaumes
suivans: *Domine exaudi orationem meam, &c.,
Dominius Deus meus, respice in me, &c.* Puis
tu diras les conjurations suivantes :

« Bosmeletic, Jeysmy, Eth, Hodomos,
Belureos. Seigneur, qui as fait toutes
choses en sagesse, qui as élu Abraham
ton premier fidel, la semence duquel a
multiplié comme les Étoiles du Ciel, qui
as apparu à Moyse, ton serviteur, enflammé de feu rouge, et par tes noms qui sont
Heie, Acer, Heie, c'est-à-dire, je suis celui
que je suis, et fais marcher ton peuple à
pied sec sur lamer rouge, qu'à Moyse, ton
serviteur, tu as donné la Loi du Salut sur
le mont Sinaï, qu'à Salomon tu as donné
la sagesse par dessus tous les hommes ;
humblement, j'adore ta Majesté et implore

ta miséricorde, afin que tu consacres ce Parchemin dans ta vertu, par toi, ô Très-Saint Adonay, dont le règne est sans fin dans les siècles des siècles. Amen. »

Après quoi tu aspergeras cette peau avec l'eau bénite de l'Art, tu la mettras dans le drap de soie; lorsque l'on fait les Exorcismes, l'on doit écrire les demandes qu'il faut faire aux Esprits sur cette peau, qu'on doit suffumiger avec les odeurs puantes.

CHAPITRE XXI.ᵉ

Des Caractères qu'on doit écrire dans les Expériences.

Toutes les fois qu'il sera nécessaire de faire quelqu'expérience, au commencement, tu écriras : *Très-Saint Cheié, Asser Cheié*, avec la plume de l'Art et avec la couleur de pourpre ou cinnabre et à la fin cet autre nom : *Ensophe*, qui signifie Infini, ensuite écris sur le parchemin tout ce que tu voudras, pourvu qu'il soit conforme à l'Art, parce que tu parviendras toujours à l'effet désiré ; quand ta porteras ces caractères, que ce soit toujours dans de la soie, ayant fini la susdite expérience ou caractère tel qu'il vient d'être dit, tu prononceras les paroles suivantes :

« Très-Haut Créateur de toutes choses, je te prie par ta miséricorde, que tu concèdes telle vertu au saint Nom écrit sur ce parchemin ; et que ce Nom joint aux autres caractères, se conservent et me gardent de toute méchanceté, par toi, Très-Saint Adonay. Amen. »

Muni du sentiment d'une foi vive et de la crainte du Grand Dieu vivant, tu acquéreras tout ce que tu désireras et voudras.

CHAPITRE XXII.ᵉ

De la Cire Vierge ou de la Terre Vierge.

Pour faire les images ou chandelles nécessaires à plusieurs arts ou expériences, l'on se sert de la cire vierge ou terre vierge, c'est-à-dire, qui n'ait jamais été mise en usage ; avant que d'opérer, tu diras dessus :

« Entabor, Natabor, Sitacibor, Adonay, On, Lazamon, Terrannes Eos Philodes, Anges de Dieu, soyez présens, parce que je vous invoque dans mon œuvre, afin que par vous elle obtienne la vertu et se perfectionne très-directement. »

Après quoi tu réciteras les Pseaumes, *Domine non est exaltatum cor meum &c. Domine quis habitabit, &c.* Il faudra dire ensuite les paroles suivantes :

« Je t'exorcise Créature de Cire ou de Terre, et t'avertis par le Créateur et Dieu Tout-Puissant, qui a tout créé de rien par son très-saint Nom, et par ses Anges, que tu reçoives vertu et bénédiction, en son

Nom, afin que tu sois sanctifiée, bénie, et que tu obtiennes la vertu que nous désirons, par le nom Très-Saint Adonay, par lequel toutes les Créatures sont. Amen. »

Asperge la avec l'eau bénite de l'Art, après tu la conserveras, pour t'en servir dans le besoin. Ce faisant, tu parviendras ce à toutes les choses que tu voudras entreprendre.

FIN DU PREMIER LIVRE.

OBSERVATIONS

SUR LE SECOND LIVRE.

L ES Pantacles, dont va être formé ce Second Livre, étant de différentes couleurs, nous avons cru devoir prévenir qu'il fallait, pour assurer les différentes opérations, suivre strictement les couleurs des Planettes, *(ainsi qu'il va être indiqué ci-après page 87)*; sans cette précaution, l'opération deviendrait nulle.

LIVRE SECOND.

CHAPITRE I.ER

Des Pantacles, comme ils se préparent.

Toute la connaissance et la science de notre Clavicule dépend de l'usage et de l'intelligence des Pantacles, qui sont très-nécessaires dans les actes, parce qu'ils contiennent les noms ineffables et très-saints, qui étaient écrits du doigt de Dieu, lesquels m'ont été révélés, et que j'ai voulu mettre ici en lieu convenable et consacré pour l'utilité de l'ame et du corps du Genre Humain.

Les Pantacles doivent être faits dans les jour et heure de ☿ en ☽ croissante aigue de lumière, étant en signe aëré, et non pas terrestre, que le jour soit égal avec celui du soleil, dans une chambre aërée, nouvellement blanchie, dans laquelle il n'y ait que toi qui habite: tu y entreras avec tes compagnons, tu la suffumigeras avec les odeurs odoriférantes, tu dois avoir, plusieurs parchemins consacrés qui soient vierges, sur lesquels tu commenceras à écrire les Pantacles, comme ci-après, à l'heure prédite, avec les trois principales couleurs, savoir: or, cinnabre et verd, ce que tu feras avec la plume de l'art et les couleurs exorcisées, comme il vient d'être dit plus haut; et quand ils seront écrits, tache de perfectionner le tout à la même heure, sinon, ayant commencé, continue jusqu'à ce que tout soit achevé; que si tu voulais cesser, tu recommenceras aux mêmes jour et heure, après tu les mettras dans un drap de soie de l'Art. Prends ensuite un pot de terre, dans lequel tu mettras du charbon neuf allumé, de l'encens mâle, mastic et bois d'aloës, le tout exorcisé et purifié; ensuite avec le couteau ou crochet tu feras le cerne de la manière qui suit: prends les Pantacles quand ils seront faits, suffumige les au-dessus avec de bonnes odeurs, il faut que tu ayes la face tournée à l'Orient, en lisant dévotement les Ps. suivans : *Domine Dominus noster, Cæli enarrant gloriam Dei, &c.*, en y joignant :

« Adonay Très-Puissant, Alpha et Oméga, qui as fait marcher ton peuple sur la Mer à pied sec, qui a élu Abraham, ton serviteur fidel, à la semence duquel ta as promis que toutes les Tribus de la Terre seraient bénites, laquelle semence tu as multipliée comme les étoiles, qui as donné à Moyse la Loi sur le mont Sinaï, et qui as donné à Salomon, ton serviteur, ces Pantacles, pour la sûreté de l'ame et du corps ; avec humilité, nous supplions ta Majesté, que par ta Puissance, ces Pentacles se consacrent, afin qu'ils obtiennent vertu et puissance contre tous les Esprits, par toi, ô Très-Saint, et Seigneur Adonay, dont l'empire et principauté seront sans fin. Amen. »

Après quoi tu les parfumeras avec les espèces odoriférantes et les mettras dans le drap de soie consacré pour t'en servir.

Ci-après le Cercle, point fonda-
mental de l'Art, ainsi que pour
la consécration des Pantacles :

CERCLE

Dont on se sert pour la Consécration des
Pantacles.

CHAPITRE II.ᵉ

De ce qui doit être remarqué pour l'usage des Pantacles.

L ES Pantacles se font communément du métal conforme à la Planette avec l'instrument de l'Art; mais pour le mieux, c'est avec le parchemin vierge ou la coëffe de l'enfant mâle nouveau né, et pour lors ils s'écrivent avec la plume de l'art et du sang, le tout exorcisé.

Différentes Couleurs des Planettes.

♄ Saturne, le noir.

♂ Mars, le rouge.

♃ Jupiter, le bleu céleste.

☀ Le Soleil, le jaune.

♀ Vénus, le verd.

☿ Mercure, verd et rouge.

☾ La Lune, blanc.

La forme des Pantacles doit être communément circulaire, quelquefois octogone, pentagone, exagone ou tétragone.

Les Noms de Dieu sont de plus grande efficacité, lorsqu'ils sont écrits avec les lettres hébraïques ; quand à la grandeur, elle est suivant la volonté de l'opérateur, qui peut les augmenter ou diminuer, pourvu que toutes les choses y soient congrues et bien formées.

Pour les caractères, qui sont les lettres et autres noms divins, écrits en lettres hébraïques, j'ai cru qu'il était plus à propos de les mettre comme ils sont, ayant plus d'efficace, mais j'ai transcrit en latin dans les sacrés Pantacles les Versets circulaires qui sont tirés de l'*Ecriture Sainte*, parce qu'ils doivent se prononcer par l'exorciseur avec ardeur et inculpe, trois fois, d'autant que ce sont les effets exprès et médiats de l'intention, les paroles de Dieu étant de très grande vertu. Comme les susdits Pantacles dépendent de la Clavicule, sans aucune marque, il m'a paru bon d'y mettre les couleurs et vertus pour la plus grande intelligence de l'opérateur: ce que j'ai fait autant que j'ai pu le connaître avec l'expérience.

Les formes des Pantacles ont une très grande vertu et une puissance sans bornes, puisque, si tu conjures les Esprits, par leur vertu, ils t'obéiront: montre leur les Pantacles, ils te craindront, en telle sorte qu'aucun ne pourra te faire taire ni prétérir la voix, sans que tu sois obligé de leur faire aucun sacrifice ni don. Ces Pantacles ont encore puissance contre tous les périls de la terre, eau et feu, contre tous les ennemis tant visibles qu'invisibles, contre la boisson des venins, contre les enchantemens, contre la crainte et contre tout. En quelque lieu que tu sois, avec ces sacrés Pantacles, tu seras en sûreté, soit veillant, dormant, mangeant, buvant, de jour et de nuit; étant portés, ils donnent grace des hommes et des femmes, et par leur vertu, le feu se resserre, les eaux se retirent, la

mer se calme dans le moment de la tem-
pête, étant jettés dedans. Tous les Esprits
ayant souvenir des noms qui y sont écrits,
de crainte t'obéiront.

LE TRÈS-GRAND ET UNIQUE PANTACLE,

De couleur verte et rouge, correspondantes au signe de Mercure ☿.

    Le très-grand Pantacle, étant porté sur soi sans péché, vaut tout contre les périls du monde et contre les armes; si sous écrivez ce Cercle, et le montrez aux Esprits; ils vous obéiront en tout.

PANTACLES.

Les sept premiers Pantacles sont de Saturne ♄ , qui doivent être noirs.

L'Efficacité des Pantacles qui vont faire suite, est trop reconnue, et l'utilité si bien démontrée, que nous nous sommes crus dispensés de nous étendre davantage sur ce sujet.

———

PREMIER PANTACLE.

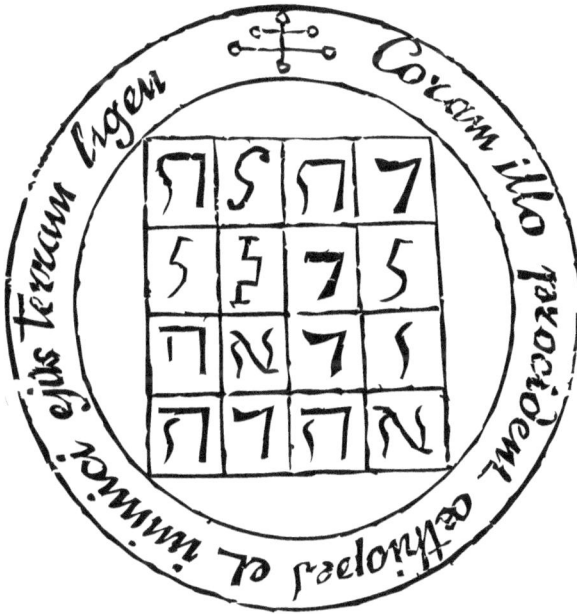

Ce Pantacle est admirable pour donner la crainte aux Esprits, parce que, leur
montrant, ils se prosterneront et obéiront
en tout ce que tu voudras leur faire faire.

IIe PANTACLE.

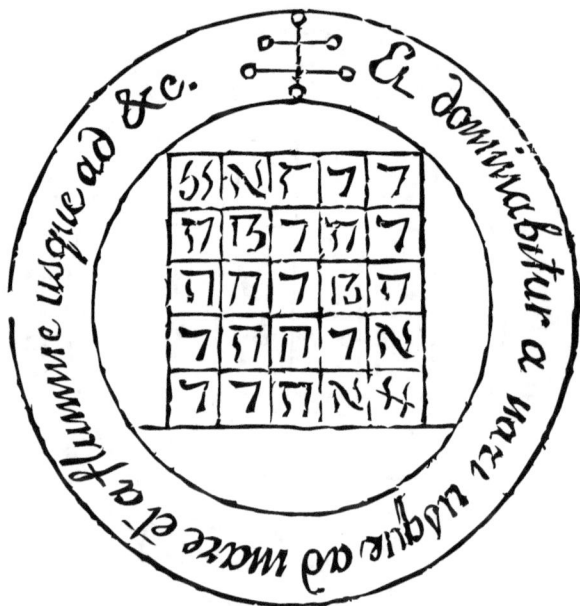

Ce Pantacle est bon coutre toutes les adversi-
tés, et particulièrement à réprimer la superbe des
princes des Esprits; c'est pourquoi il es grande vertu.

Nota. Si tu veux donner vertu à ce Pantacle,
pour l'amour, au lieu d'être du parchemin vierge,
tu le feras en telle médaille que tu voudras ; si tu
veux qu'il te serve pour le jeu, tu y ajouteras aux
quatre coins, où sont les points, un ☀ en haut,
et une ☾ en bas, un ♃ au côté droit et une ♀
au côté gauche.

III.ᵉ PANTACLE.

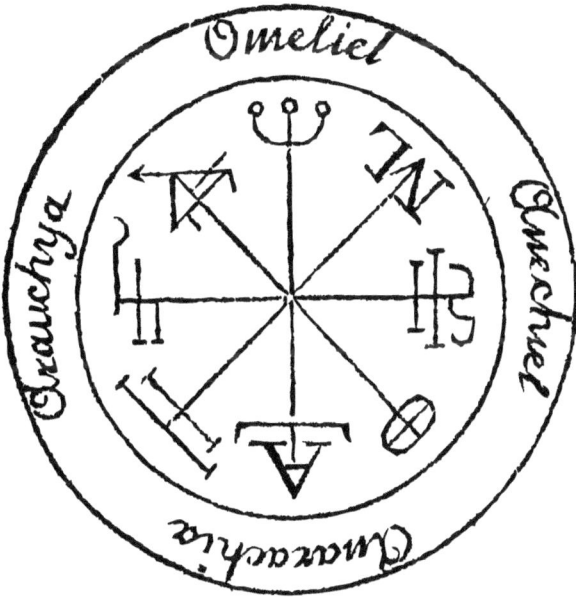

Ce Pantacle est admirable, il est de ♄,
il se doit porter sur soi. Principalement
dans le cercle, lorsque l'on appelle les
Esprits de nuit, et de l'état de ♄, la couleur est noire.

IV.ᵉ PANTACLE.

Ce Pantacle vaut principalement pour exécuter toutes les expériences qui se font pour la ruine, destruction et mort. Il a coutume d'être accompli par les Esprits méridionaux.

V.ᵉ PANTACLE.

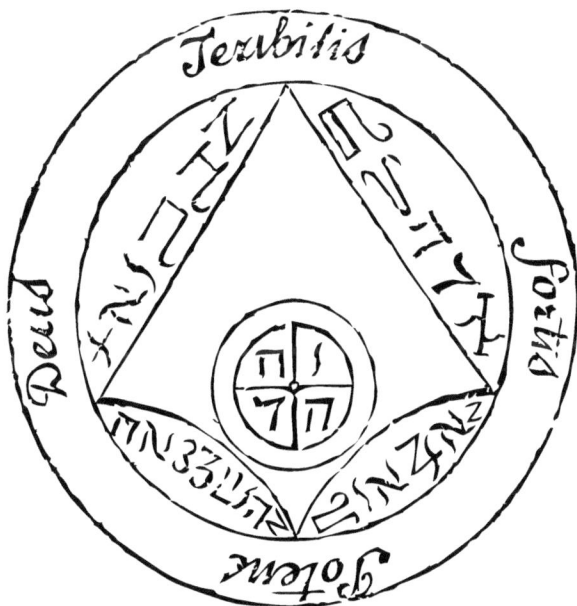

Ce Pantacle de Saturne ♄, protége celui qui appelle les Esprits de nuit, il chasse les gardiens des trésors, rend heureux en toutes sortes de jeux, pourvu qu'étant consacré, il soit serré proprement; et si tu veux qu'il ne serve que pour le jeu, tu le feras de trois métaux, or, argent et cuivre, tu le porteras sur ton estomach. Il faut qu'il soit gravé dans les jour et heure du ☀, de la ☾ et de ♀.

VI.ᵉ PANTACLE.

Le nom pour qui il sera fait, doit être distingué par lettres, ce nom doit être écrit autour du centre du Pantacle, où sont constitués les points; et celui là sera incontinent travaillé du Diable.

VII.ᵉ PANTACLE.

Ce Pantacle est de très-grande vertu
pour provoquer les tremblemens de terre;
c'est pourquoi la vertu de tous les Anges,
se trouve exprimée en ce Pantacle par *noni
chori Josmondichi*. Ils peuvent mettre sans
dessus dessous tout l'Univers.

Les six Pantacles qui suivent,
devant être faits aux jour et
heure de Jupiter ♃ , seront
formés en bleu céleste, couleur
distinctive de cette Planette.

———

PREMIER PANTACLE.

Ce Pantacle est pour connaître les Esprits qui correspondent à sa nature et principalement de ceux dont le nom est écrit dans ce Pantacle, entre lesquels est *Parosiel*, qui est le Seigneur des trésors, et enseigne de quelle manière ils se peuvent acquérir.

II.ᵉ Pantacle.

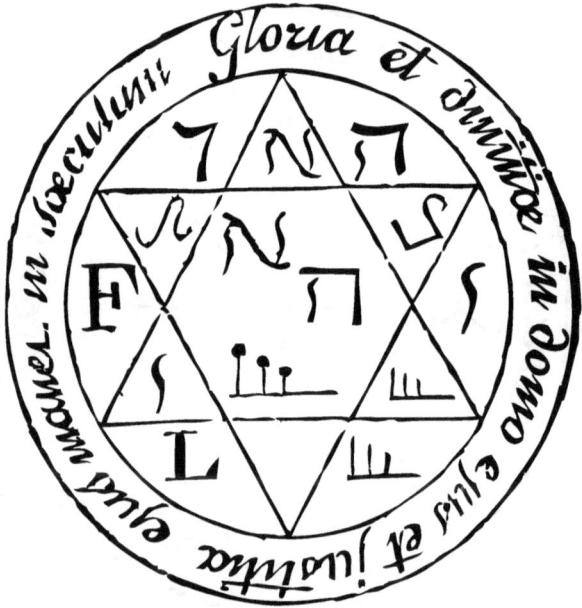

Ce Pantacle sert pour acquérir la gloire
et la joie; il donne honneur, dignités, et tous
les biens; il vaut aussi pour trouver les trésors et chasser les Esprits qui y sont. Il faut
qu'il soit écrit sur du parchemin vierge avec
la plume de l'Art et sang de Pigeon, Taupe
ou Hirondelle, à votre choix.

III.ᵉ PANTACLE.

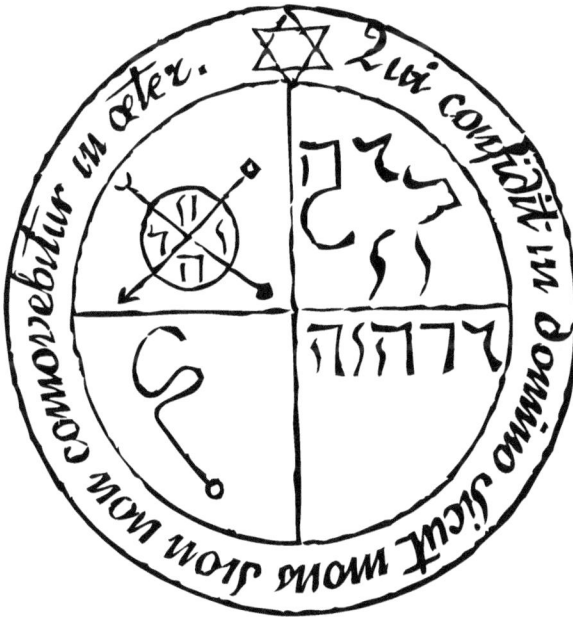

Ce Pantacle protège tous ceux qui in-
voquent ♃ ; dans les cercles de toutes les
offenses des Esprits de ♀ , Jupiter ♃ est
leur opposition; et, en leur montrant ce
Pantacle, ils obéiront d'abord.

IV.ᵉ PANTACLE.

Ce Pantacle est bon pour acquérir honneur, gloire et plusieurs biens; étant imprimé ou gravé dans l'argent, aux jour et heure de ♃ étant en ♋. Il est bon pour chasser les Esprits gardiens des trésors. Son Ange est toujours avec lui.

V.ᵉ PANTACLE.

Ce Pantacle est de grande vertu, parce qu'il sert pour avoir certaines visions en songe. C'est ce même Pantacle que portait *Jacob*, lorsqu'il vit les échelles qui touchaient le Ciel et les Anges qui montaient et descendaient.

VI.ᵉ Pantacle.

Ce Pantacle, dans lequel sont exprimés les Saints Noms du Messie est bon contre tous les périls du monde.

En récitant dévotement tous les jours le verset qui doit être dans le cercle de ce Pantacle, quand même l'Enfer et tous les Démons se déchaîneraient contre toi, par sa vertu, ils ne te pourront faire aucun mal.

VII.ᵉ Pantacle.

Couleur bleu céleste, comme les six précédens
sous le signe de ♃ .

Ce Pantacle est admirable contre la pauvreté, en le regardant tous les jours avec dévotion, et disant le Pseaume *Laudate pueri Dominum, &c.* Il est aussi admirable pour trouver les trésors et en chasser les Esprits qui en son gardiens, et pour être heureux au jeu.

Tu feras les six Pantacle qui
suivent, de couleur rouge étant
celle de ♂ , dans les jour et
heure de laquelle Planette tu
devras les faire.

Premier Pantacle.

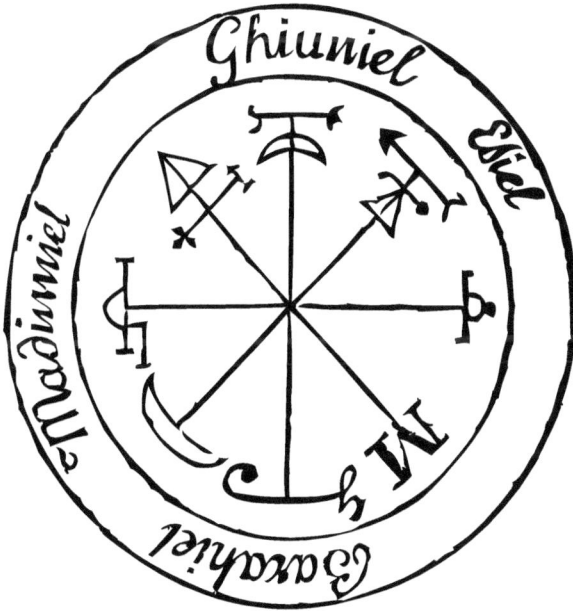

Ce Pantacle, ainsi que les cinq qui suivent, sont bons pour appeler les Esprits qui sont sous l'étoile de Mars ♂ . Les noms des Princes Démons sont décrits dans le tour du Pantacle.

II.ᵉ PANTACLE.

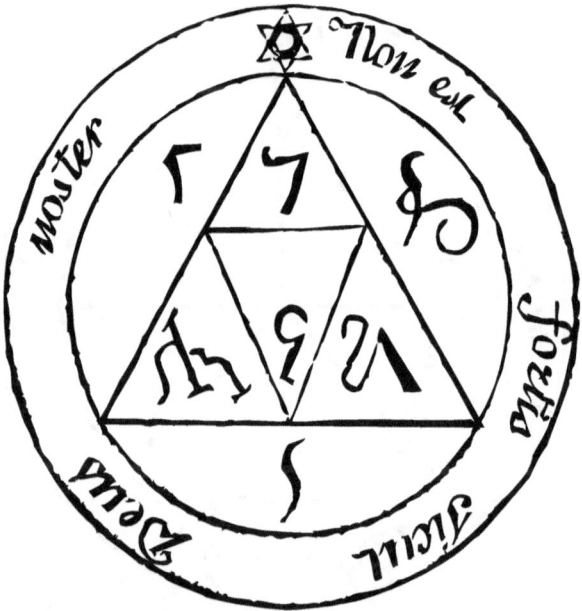

Ce Pantacle est pour semer la guerre, l'ire, les dissentions et les intimitiés, ainsi que pour intimider les Esprits rebels; en leur montrant ce Pantacle, ils ne peuvent manquer d'obéir, de même que pour faire parvenir à l'objet demandé.

IIIe PANTACLE.

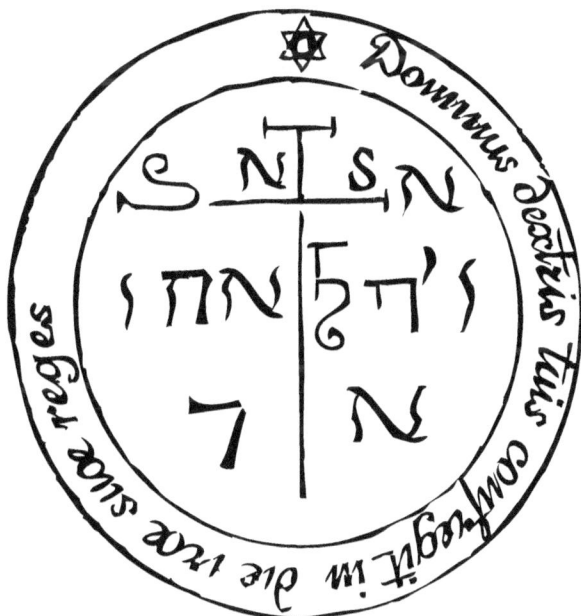

Ce Pantacle est très-efficace en guerre : il donne la victoire.

C'est celui que *Moyse* portait sur lui au passage de la Mer Rouge, dans laquelle *Pharaon* et toute son armée furent submergés.

IV.ᵉ PANTACLE.

Ce Pantacle est bien terrible contre les Démons, parce qu'ils ne peuvent pas résister à sa puissance : ils obéissent à cet effet immédiatement à celui qui les appelle.

V.ᵉ PANTACLE.

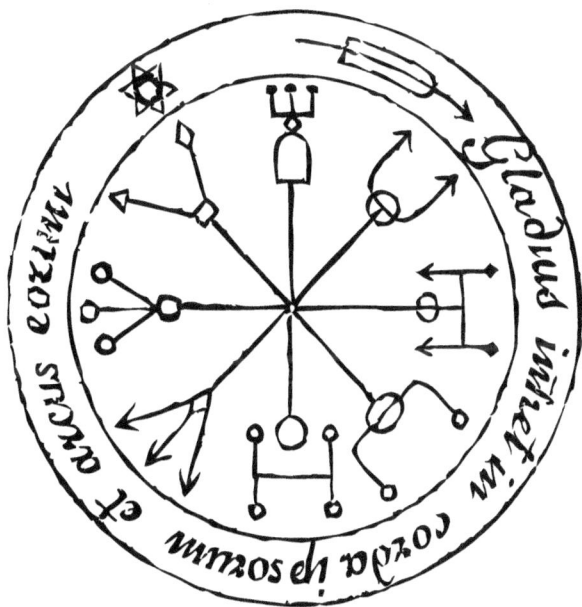

Ce Pantacle ci est d'une si grande efficacité, que, l'ayant sur toi, non-seulement personne ne te peut offenser, mais
les coups d'armes à feu, iront contre ceux
qui les dirigeraient; lorsque tu seras à
la guerre, il te sera utile, et fera tourner
contre tes ennemis, les coups qui seraient
par eux, dirigés contre toi.

VI.ᵉ PANTACLE.

Il est d'une très-grande vertu pour faire apparaître les tempêtes, lorsqu'il est décrit dans les jours et heures de ♃ et de ♂ , sur du parchemin vierge, avec le sang de Taupe ou de Chauve-souris.

Etant découvert avec l'invocation des Esprits de ♂ , tu verras tomber une grande quantité de grésil et de grêle.

La couleur jaune, étant celle
du Soleil, il est nécessaire que
les sept Pantacles qui vont
faire suite, soient, faits en or,
étant la couleur adoptive de la
Planette, (le ☼), dans les jour
et heure de laquelle, devront
être faits lesdits Pantacles.

———————

PREMIER PANTACLE.

CeIui ci est la face de Dieu, auquel toutes les créatures obéissent, les Esprits tremblent, et devant laquelle face, les Anges s'inclinent.

Quel genre d'Esprits que ce soit, qui seront rébels et qui ne voudront pas t'obéir, montre-leur cette face, et sur le champ ils t'obéiront, tu obtiendras d'eux tout ce que tu voudras.

IIe PANTACLE.

Ce Pantacle est fort bon pour faire répondre les Esprits solaires, qui sont d'une nature vaine et fastueue, d'un courage élevé : très-difficilement ils se montrent; avec ces Pantacles, ils seront obligés de t'obéir et de faire ce que tu voudras. Il faut, avant de les faire venir, être prêt à leur demander ce que tu exiges d'eux; tu n'auras pas plutôt demandé, que tu seras obéi.

III.ᵉ PANTACLE.

Ce Pantacle est bon aux Rois et aux
grands Seigneurs, pour acquérir et conqué-
rir des Royaumes et dominations sur les
autres. C'est celui que portait Alexandre-
le-Grand, sur son estomach, il faut qu'il
soit fait de fer et d'or, gravé au jour et
heure du soleil ☀.

IV.ᵉ PANTACLE.

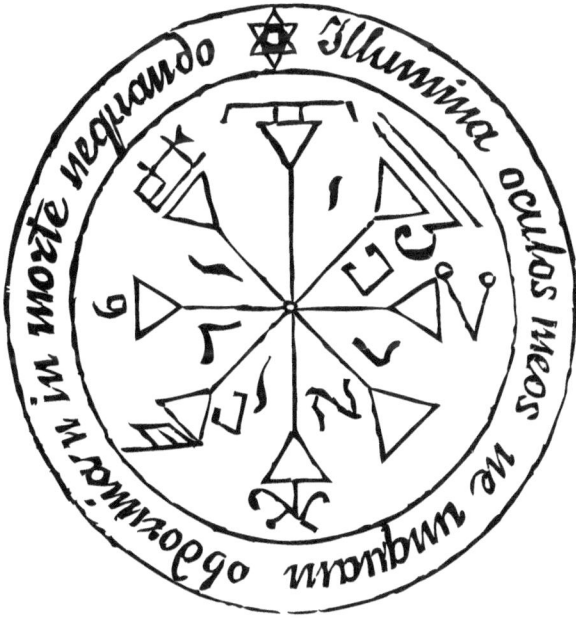

Ce Pantacle est bon pour voir les Esprits, lorsqu'ils se rendent invisibles, ainsi que pour les forcer à prendre un corps pour paraître devant toi, et pour leur faire faire tout ce que tu voudras, soit pour te servir comme un Valet, panser ton Cheval ou faire tes commissions. Il faut lui donner tous les jours un cheveu de ta tête et le prendre pour dix, vingt ou trente ans, mais pas plus de trente ; car, au bout du tems, il prend son salaire.

V.ᵉ PANTACLE.

Ce Pantacle est merveilleusement bon pour appeler les Esprits, pour se faire transporter d'un Royaume à un autre, et où bon te semblera, en très-peu de tems ; c'est celui duquel se servit le docte Scot, pour venir d'Allemagne à Paris, en une nuit, pour soutenir et défendre la thèse contre un Jacobin, en faveur l'Immaculée Conception de la Sainte Vierge. Il fut, avant de monter au Palais, faire sa prière devant l'image de la Sainte Vierge, à la chapelle basse, laquelle baissa la tête comme on la voit aujourd'hui.

VI.ᵉ PANTACLE.

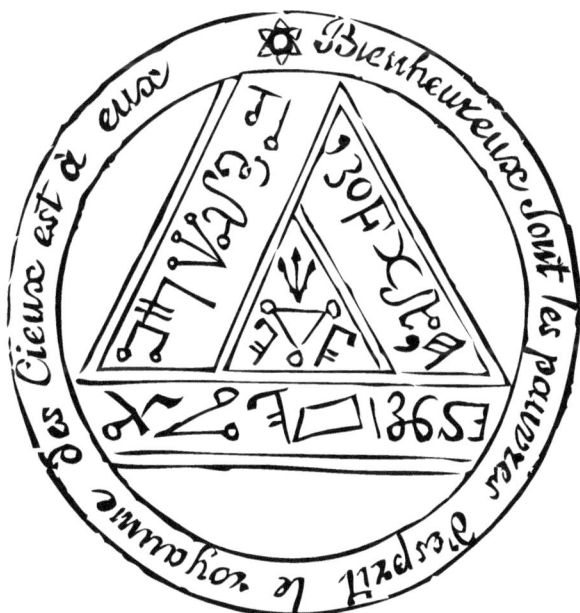

Ce Pantacle est grandement bon pour l'invisibilité, et est merveilleux pour délivrer celui qui est en prison et dans les fers et chaînes, à l'aspect de ce Pantacle qui doit être formé d'or dans les jour et heure du Soleil ☀ .

VII.ᵉ PANTACLE.

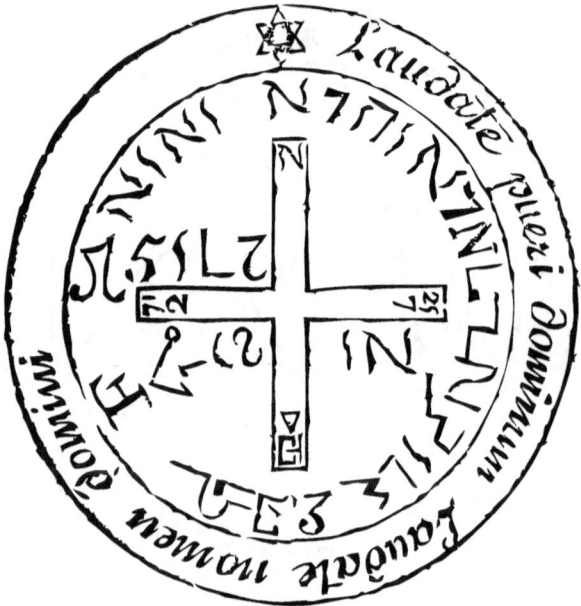

Ce Pantacle a la même vertu que le
précédent, car si quelqu'un était détenu
dans les prisons, ayant les fers aux pieds
et aux mains; apportant ce Pantacle fait
dans les jour et heure du Soleil ☀ et sur
une plaque d'or, sur-le-champ ses fers se
briseront en cent pièces.

Poux ces cinq Pantacles dominés par la Planette de Vénus, il faut faire grande attention, quant aux jour et heure de ladite Planette de ♀, ainsi que pour la couleur avec laquelle tu les dois faire : cette couleur est verte, tel qu'elle a été désignée ci-dessus page 87.

Premier Pantacle.

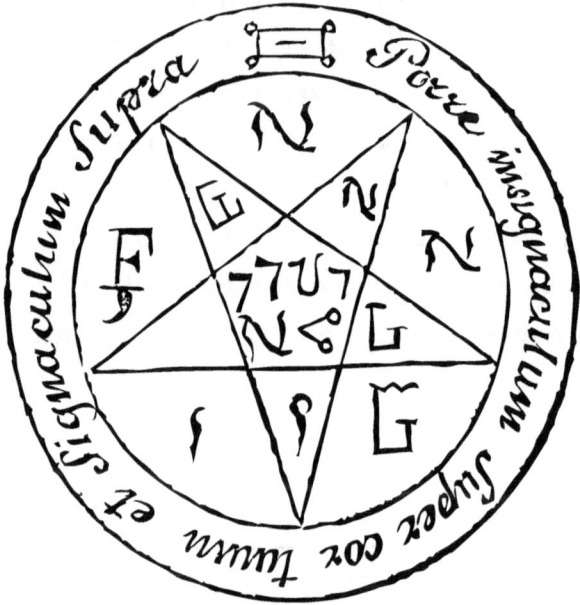

Ce Pantacle est bon pour forcer les Esprits de Vénus ♀, et principalement de ceux qui sont et qui se voient écrits dans ce Pantacle.

II.ᵉ PANTACLE.

Ce Pantacle est de la même nature que celui ci-devant, les quatre Esprits de l'espèce de Vénus ♀, sont écrits autour du Pantacle. Celui qui saura bien s'en servir, toutes affaires d'amour lui réussiront, étant fait aux jour et heure de Vénus ♀, de son métal qui est le cuivre purifié, vierge, exorcisé et aspergé selon l'Art et coutume, comme il a été dit ci-dessus.

Il faut le porter attaché an col, avec un ruban verd, qui est la couleur de Vénus ♀, on doit le laisser toucher au cœur.

III.ᵉ Pantacle.

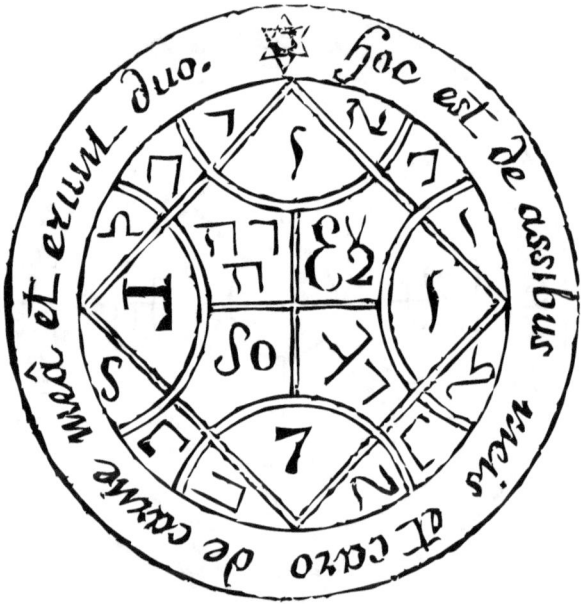

Ce Pantacle est d'une grande vertu pour faire forcer les Esprits de Vénus, à contraindre telle femme que tu désires, à t'aimer; si elle se trouvait retenue, de manière qu'elle ne peut pas venir te voir, si son grand amour ne la faisait pas mourir, elle te serait rendue. Si c'était l'intérêt et l'amour ensemble, qui te guidassent, tu ne réussirais pas. Les Pantacle et caractère seront de trois métaux, savoir: or, argent et cuivre; le tout fait aux jour et heure de Vénus, tu le béniras et exorciseras comme ci-contre, le portant jour et nuit sur ton cœur.

IV.ᵉ PANTACLE.

Ce Pentacle est merveilleux et bon
pour allumer l'amour, en le montrant seulement à la personne que vous voulez qui
vous aime, son Ange est *Sabeyol*, lequel il
faut invoquer dans les jour et heure de
♃, première et huitième. Il est aussi pour
le jeu.

V.ᵉ PANTACLE.

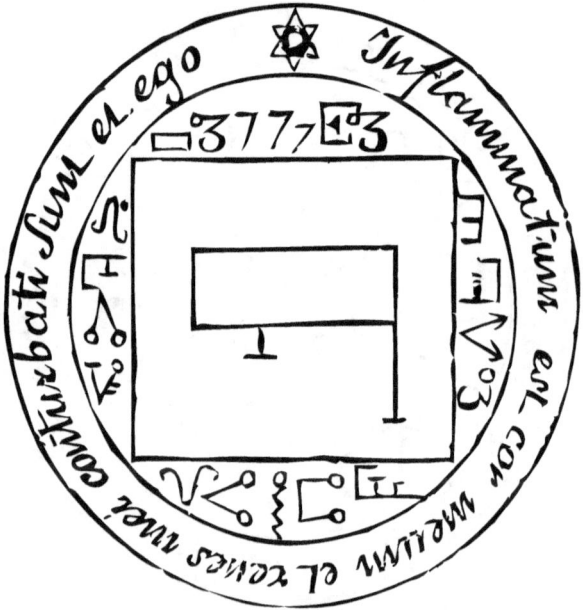

Ce Pantacle est bon pour l'amour, étant directement consacré et parfait, si bien que celui ou celle à qui tu le montres, sera enflammé grandement de feu et de désir.

Mercure ☿, étant la Planette qui domine sur le sujet pour lequel les cinq Pantacles qui suivent, vont être formés, il est nécessaire de les faire des couleurs rouge et verte, aux jour et heure désignés au Chapitre II, &c.

———————

Premier Pantacle.

Ce Pantacle est très-bon pour faire paraître les Esprits qui sont au firmament; ils
obéissent avec grande facilité, ils te don-
neront ce que tu leur demanderas, pourvu que tu ne manques pas à former ces
Pantacles, sous le signe de Mercure ☿.

II.e PANTACLE.

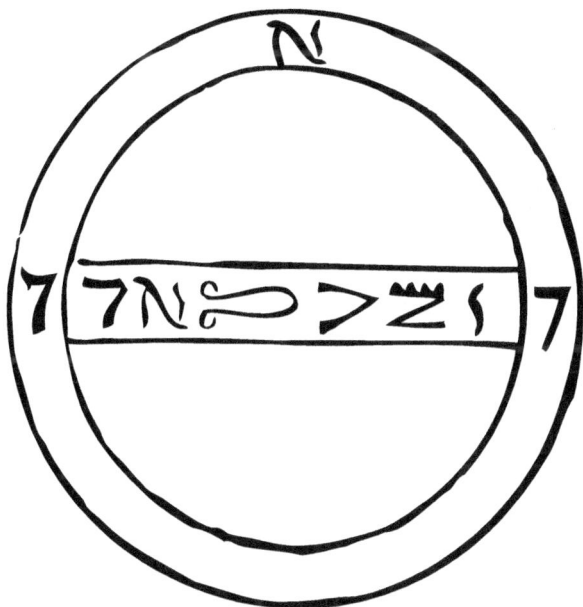

Il est pour faire donner des mêmes
Esprits les choses qui paraissent extrava-
gantes et qui ne sont point tenues sous
quelque genre certain, et ces Esprits
donnent facilement réponse, mais il y a
difficulté de les voir.

III.ᵉ PANTACLE.

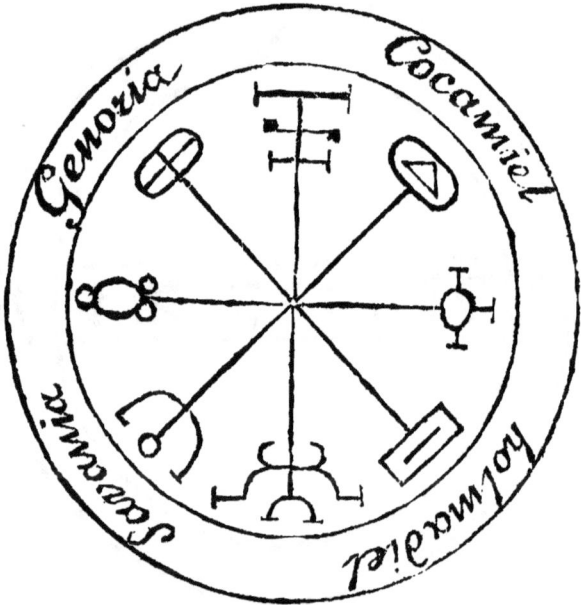

Ce Pantacle, avec le précédent, vaut pour appeler les Esprits de Mercure ☿ , et principalement tous ceux qui sont écrits dans ce Pantacle.

IV.ᵉ PANTACLE.

Ce Pantacle sert pour acquérir la science
et l'intelligence de toutes choses créées de
Dieu, tant terrestres que célestes, pour savoir les secrets et pour envoyer les Esprits
ombreux en quelque partie du monde que
tu souhaites.

V.ᵉ PANTACLE.

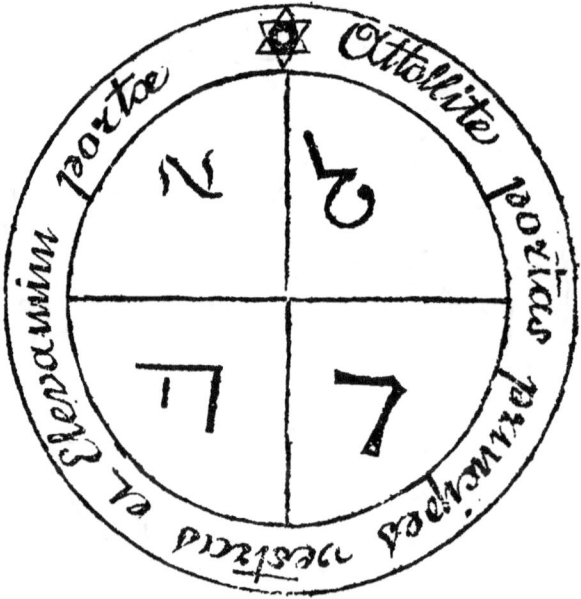

    Ce Pantacle a la vertu de donner em-
pire et commandement sur les Esprits de
Mercure ☿ ; tu peux t'en servir pour ouvrir les portes, quelles que fermées qu'elles
soient, car il n'y a rien qui lui puisse résister : il rend heureux.

L'or, pour l'Art magique, ayant beaucoup de vertu, on a cru inviter l'Opérateur, pour plus grande certitude de son opération, de faire les six Pantacles ci-après, en or, quoique n'étant pas la couleur de leur Planette.

Tu devras les faire le lundi, jour qui est dominé par la ☾, ainsi qu'aux heures déterminées au Chapitre II.ᵉ du Premier Livre.

Premier Pantacle.

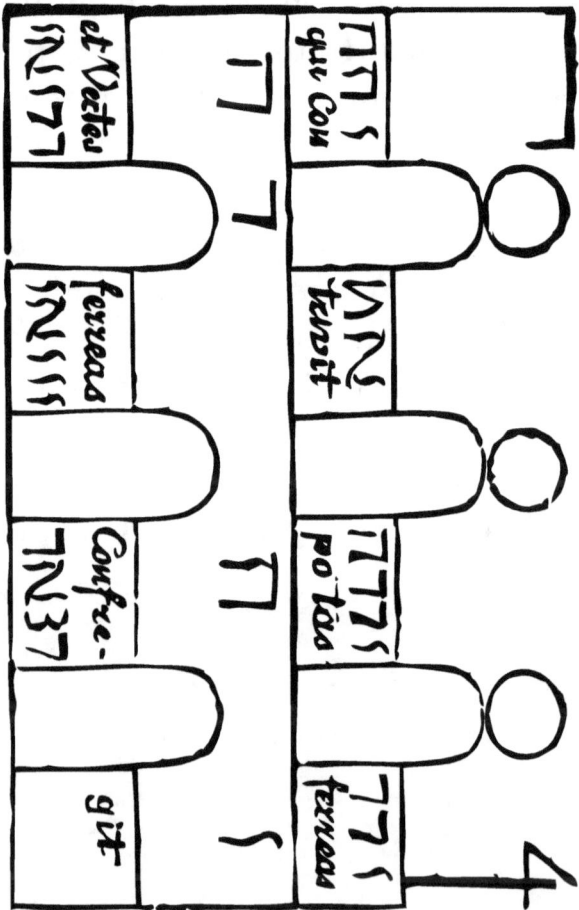

Ce Pantacle vaut pour appeler les Esprits lunaires, lesquels noms se trouvent dans la partie inférieure de ce Pantacle. Il sert aussi pour ouvrir quelque porte que ce soit.

II.e PANTACLE.

Ce Pantacle est bon contre tous les périls d'eau; et, s'il est nécessaire de faire venir la pluie, elle viendra en très-grande abondance; quand tu voudras la faire cesser et t'opposer aux mauvais desseins des Esprits lunaires, ce Pantacle suffira.

IIIe PANTACLE.

Ce Pantacle est admirable pour ceux
qui voyagent, étant directement consacré
et porté sur son estomac.

Il est admirable aussi contre tous les
périls d'eau et contre toute évasion nocturne.

IV.ᵉ PANTACLE.

Ce Pantacle sert contre tous les enchantemens, desseins des persécuteurs et ennemis,
de tout damn de corps et d'ame: son Ange
est *Sophiel*, qui donne la vertu de connaître
les herbes et leurs propriétés, ainsi que celles
de toutes les pierres et vertus des paroles;
on peut, avec ce Pantacle, connaître parfaitement toutes les langues que l'on désire apprendre.

V.ᵉ PANTACLE.

Ce Pantacle est un de ceux que l'on
doit avoir grand soin, attendu, qu'indé-
pendamment des vertus du précédent, il
a encore celle de faire acquérir ce que l'on
appelle la science de l'Art Magique.

VI.ᵉ PANTACLE.

Ce Pantacle est pour avoir réponse en songe; son Esprit se nomme Jacadiel. Il sert à la destruction et ruine des ennemis, vaut contre les fantômes nocturnes et pour appeler l'ame des défunts.

F IN DES P ANTACLES.

CHAPITRE III.ᵉ

Ce que doit faire & dire l'Exorciseur.

A PRÈS avoir amplement démontré tout ce qui se peut faire avec les *Pantacles de Salomon*, il est d'une très-grande nécessité de vous dire comme le Prêtre Exorciseur doit être vêtu.

S'il veut réussir, lorsqu'il voudra travailler, il faut, toutes choses étant préparées, que l'on s'abstienne de tous travail du corps et de l'ame, de trop manger et boire, de toute luxure et de tout vice, mais il faut penser aux choses qui doivent être faites, avec une conscience pure et nette, ce qui se doit pratiquer neuf jours entiers avant que de commencer l'ouvrage, il faut aussi que les assistans en fassent de même, afin qu'en toute sûreté l'ouvrage s'accomplisse.

L'Exorciseur et les assistans devront commencer par cette Oraison, la dire deux fois la nuit et une fois le jour :

ORAISON.

« Seigneur Dieu Tout-Puissant, soyez nous propice, quoique n'étant pas dignes de lever nos yeux au Ciel à cause de la multitude de nos offenses et de nos iniquités. Dieu tout miséricordieux, qui ne veut pas la mort du pécheur, mais sa conversion très-vive, faites-nous la grace, Seigneur, Dieu, plein de miséricorde, de nous aider dans cet ouvrage que nous allons faire, afin que votre Nom soit béni à jamais dans tous les siècles des des siècles, amen. »

Les derniers jours du jeûne, devront être strictes, c'est-à-dire, au pain et à l'eau, s'abstenir aussi de tout péché et dire l'oraison ci-dessus. Ensuite il faudra se retirer dans un lieu secret, pour y faire en particulier une confession la plus générale possible, en suppliant les Anges, devant lesquels cette confession est faite, d'être témoins de la victoire remportée sur l'ennemi du Genre humain, et de regarder cette confession comme pure et sincère, faite avec un cœur bien repentant, afin que cet ennemi ne puisse s'en glorifier contre nous, mais qu'elle soit une joie dans le Ciel. Cette confession étant faite, il faut en demander pardon à Dieu, et dire ce qui suit :

ORAISON.

« Père Très-Puissant, par ton infinie clémence, concèdes-nous la grace que nous puissions voir et parfaire cet ouvrage, sans que les malins Esprits nous puissent faire tort, tant au corps qu'à l'ame, amen. »

Cette Oraison étant terminée, il faut prendre l'eau exorcisée, et, en aspergeant les assistans, dites :

« Purifiez nous, Seigneur, d'hysope, et nous serons mondés, lavez-nous et nous serons plus blancs que la neige. »

Ayant fini, l'Exorciseur devra se laver la tête, et ira dans le lieu ordonné ; ayant toutes ses affaires préparées, il fera de suite le cerne pour commencer l'Exorcisme ; mais avant que de commencer celui des Esprits, il faut bien recommander aux assistans, la hardiesse et la foi, car sans cela il pourrait arriver du mal par le moyen de l'Esprit, et souvent la mort.

Les assistans étant parfaitement instruits et munis de hardiesse, ils entreront tous dans le lieu secret purifié et beau, ils feront la prière qui suit, en la répétant après l'Exorciseur :

Prière de l'Exorciseur sur les assistans.

« Soyez mondés et renouvellés au nom du Dieu Eternel et Très-Grand, de tous vos péchés, et que la vertu du Très Haut et Très-Puissant, descende sur nous et y reste toujours, afin que vous et moi, puissions accomplir et parfaire ce grand ouvrage, ainsi que pour contraindre les Esprits gardiens et possesseurs des trésors abandonnés tant en terre qu'en mer, de nous en rendre les maîtres et paisibles possesseurs, sans qu'il nous puisse être fait aucun tort, tant au corps qu'à l'ame, ni sans effrayer aucun de nous, amen. »

Ayant fini, le Prêtre tenant les quarante-cinq Pantacles, les consacre, comme il est expliqué aux Chapitres précédens et les préparera selon l'Art, et suivant ce qu'il en voudra faire, ensuite il les distribuera aux deux assistans, à la réserve de celui où est marqué la Face du Seigneur, que le Prêtre exorciseur devra garder sur lui avec le Grand Pantacle Général, placé à la page 91, à cause de son grand caractère : les susdits Pantacles doivent être mis dans de petits sacs de soie, il n'importe de telle couleur qu'elle soit, il faudra y mêler les odeurs odoriférantes, et le Prêtre ainsi que les assistans devront se les attacher au col, de sorte qu'ils posent sur le cœur. Munis de tout ce qui vient d'être recommandé, pleinement convaincus de la grandeur, de la sainteté et de l'importance de tout ceci, le Prêtre exorciseur et les assistans pourront entrer en toute sûreté partout, n'ayant à redouter aucuns périls, dans tels lieux où se trouvent cachés les trésors.

Les assistans doivent être, sur tout, très-obéissans à l'Exorciseur, parce que tout roule sur lui, et sans lui, on ne peut rien faire, par le pouvoir qu'il a à cause de son caractère de Prêtre, sans lequel il ne peut commander aux Esprits de leur abandonner les trésors ainsi que les choses précieuses, cachés en quelque lieu que ce puisse être.

CHAPITRE IV.ᵉ

Remarque importante du Bain.

L E Bain est très-nécessaire à l'Art ma-
gigue, de sorte que si tu veux faire
quelqu'expérience, il faut, ayant préparé
tout ce qui sera nécessaire dans les jours et
heures, le dernier jour du jeûne, prendre
de l'eau, la faire chauffer et s'en laver tout
le corps, disant les Pseaumes : *Dominus il-
luminatio mea, &c., Dixit insipiens in corde suo,
&c.*

CHAPITRE V.ᵉ

Exorcis de l'Eau.

JE t'exorcise, Créature d'Eau, par celui qui t'a créée & assemblée dans un lieu, afin que la terre apparut aride, que, sans tarder, tu chasses toutes les tromperies de l'ennemi et de l'immondité des Esprits, pour qu'ils ne me puissent nuire, par la vertu de Dieu Tout-Puissant, qui vit et règne par tous les siècles des siècles, amen.

Cela fait, l'exorciseur se vêtira tel qu'il va être dit ci-après, récitera les Pseaumes *Domine exaudi orationem meam, &c., Miserere meî, &c., Confitebor tibi Domine in toto corde meo, in consilio justorum et congregatione, &c.*

CHAPITRE VI.ᵉ

Vêtemens de l'Exorciseur.

LES vêtemens doivent être de toile de lin, même jusqu'à la chemise; lorsqu'il la passera, il dira ces paroles:

« Anton, Amator, Emites, Theodoniel, Poncor, Pagor, Anitor, par le mérite de ces très saints Noms d'Anges, je me vêtis, Seigneur, de mes habits de Sabat, afin que, moyennant iceux, je puisse conduire à leur fin, toutes les choses que j'ai désiré produire par Toi, ô très-Saint Adonay, le Royaume duquel et Empire règne dans tous les siècles des siècles, amen. »

Nota. Il faut que le vêtement de dessus soit fait comme celui des Lévites; sur ce vêtement, on écrira avec de la soie rouge, les caractères suisvans, sur l'estomac, savoir:

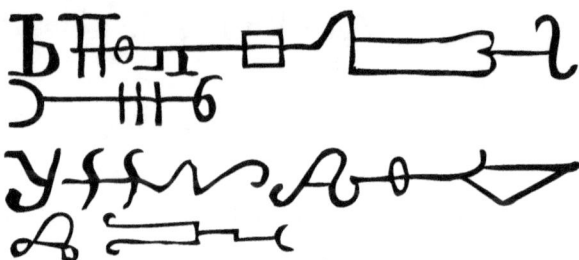

Il faut que les souliers et le bonnet soient de peau blanche, sur lesquels il faut écrire les mêmes caractères ci dessus, avec du cinnabre délayé dans l'eau de gomme avec la plume d'Oie désignée dans le Chapitre XVI du Premier Livre. Sur le bonnet, il faut aussi écrire au-devant les quatre noms suivans, savoir *Jeova* au-derrière, *Adonay* à la droite, *Eloy* à la gauche, *Gibor* au devant.

CONCLUSION.

LE Prêtre Exorciseur étant vêtu et préparé, ainsi qu'il vient d'être dit dans les Chapitres précédens, fera les conjurations suisvant les intentions avec hardiesse et foi, et sans rien omettre, tant des conjurations que des cernes et Pantacles, vous assurant bien, que, pratiquant ce que dessus exactement, vous posséderez non-seulement les trésors les plus cachés, mais même contraindrez les Esprits gardiens de vous les apporter du plus profond de la mer, parce que ce Livre est la Science des Sciences, pour tout ce qu'il y a de plus rare dans les Sciences Occultes et Magiques, étant bien enjoint de ne point faire tomber ce Livre entre les mains des impies : c'est ce que recommande Salomon. C'est la conjuration qui vous en est faite au nom du Très-Saint et

Inexprimable Nom A D O N A Y ; il est de plus recommandé de tenir cet Ouvrage caché comme un trésor très précieux, tant pour la garde de l'ame que pour toutes les choses utiles à la vie, en en usant bien. Si, au contraire, vous les profanez et en usez mal, il sera dangereux et d'un très-grand dommage, tant au corps qu'à l'ame.

TABLE DES CHAPITRES.

LIVRE SECOND.

Fin de la Table.

www.ingramcontent.com/pod-product-compliance
Lightning Source LLC
LaVergne TN
LVHW051639080426
835511LV00016B/2397